Moderne Immobilienwirtschaft

Alexander Haas
Objektmanagement

Moderne Immobilienwirtschaft

Alexander Haas

Objektmanagement

ISBN 978-3-87292-269-4

© 2. Auflage 2007, Hammonia-Verlag GmbH, Hamburg

Das Werk ist urheberrechtlich geschützt.

Alle Rechte vorbehalten.

Nachdruck, auch auszugsweise, verboten. Kein Teil des Werkes darf ohne schriftliche Einwilligung des Verlages in irgendeiner Form (Fotokopie, Mikrofilm oder ein anderes Verfahren), auch nicht für Zwecke der Unterrichtsgestaltung reproduziert oder unter Verwendung elektronischer Systeme verarbeitet, vervielfältigt oder verbreitet werden.

Satz und Gestaltung: Hammonia-Verlag GmbH

Druck: rewi Druckhaus, Wissen

Printed in Germany

Vorwort der Herausgeber

Die Fachbuchreihe MODERNE IMMOBILIENWIRTSCHAFT ist eine praxisbezogene Gesamtdarstellung wohnungs- und immobilienwirtschaftlicher Sachgebiete im Sinne von Lehr- und Lernbüchern. Es handelt sich auch gleichzeitig um Bücher für Praktiker, da ihnen die entsprechenden Sachgebiete im Hinblick auf ihre konkreten Tätigkeitsfelder in der Wohnungs- und Immobilienwirtschaft umfassend aufbereitet werden. Jeder Band behandelt ein in sich abgeschlossenes Thema in einem systematischen Überblick. Der Leser soll eine verlässliche und schnelle Orientierung über die wichtigsten Fakten, Zusammenhänge und Probleme der jeweiligen Sach-und Wissensgebiete erhalten.

Als Nutzer der Fachbücher MODERNE IMMOBILIENWIRTSCHAFT kommen vor allem Studierende der Wirtschaftswissenschaften, insbesondere der Wohnungs- und Immobilienwirtschaft, in Betracht. Aber auch für Fortbildungsstudierende an Akademien mit dem Studienabschluss des Immobilien-Ökonomen oder Weiterbildende zum Geprüften Immobilienfachwirt/in sind die Lehr- und Lernbücher dieser Buchreihe gedacht. Bauingenieur- und Architekturstudierende aller Hochschularten erhalten durch diese immobilienwirtschaftliche Fachbuchreihe eine solide Wissensvermittlung. Letztlich soll den in der Praxis tätigen Führungskräften in gestraffter Form ein systematischer Überblick über die einzelnen Themenkreise auf der Grundlage aktueller wissenschaftlicher Erkenntnisse der Immobilienwirtschaft vermittelt werden.

Die Autoren der MODERNEN IMMOBILIENWIRTSCHAFT sind in erster Linie Professoren und Lehrbeauftragte an Hochschulen, insbesondere mit Immobilienstudiengängen, womit Wissenschaftlichkeit und Praxisnähe gleichzeitig gewährleistet wird. Aber auch Manager und Fachleute von Unternehmen und Verbänden treten als Autoren auf. Die Herausgeber möchten sich an dieser Stelle für die Mitwirkung und das Engagement der Autoren ganz herzlich bedanken. Besonderer Dank gilt dem Hammonia-Verlag, Hamburg, für die angenehme Zusammenarbeit bei der Herstellung dieser Buchreihe.

Geislingen/Steige, Januar 2005

Prof. Dr. Eduard Mändle

Hochschulrektor i.R.
Studienleiter der AWI
der
Akademie der Wohnungs- und Immobilienwirtschaft Baden-Württemberg GmbH

Prof. Dr. Markus Mändle

Hochschullehrer für Volkswirtschaftslehre, insbesondere Kooperationswesen an

Hochschule Nürtingen-Geislingen

Widmung

Meinen Söhnen Simon und Florian gewidmet.

Vorwort des Autors

Zur zweiten Auflage

In dieser Auflage wird die WEG-Novelle mit ihren vielfältigen Änderungen zum 1.7.2007 berücksichtigt, ebenso die EnEV 2007.

Änderungen anderer Rechtsgrundlagen wurden ebenso angepasst.

Einige Kapitel haben Erweiterungen erfahren, das immer wichtigere Thema Leerstandsmanagement wurde neu aufgenommen.

Nürtingen, im September 2007

Alexander Haas

Vorwort des Autors

Die wichtigsten Bereiche des Objektmanagements im Wohnimmobilien-Bereich werden in dieser Veröffentlichung behandelt.

Der Band Objektmanagement soll sowohl Neueinsteigern der Branche als Hilfsmittel für die tägliche Arbeit als auch dem Profi als Nachschlagewerk dienen.

Des Weiteren bietet es sich als Lehrbuch an: Jedem Kapitel sind die Lernziele vorangestellt, nach jedem Kapitel finden sich zahlreiche Kontrollfragen.

In diesem Buch sollen Chancen für ein erfolgreiches und effizientes Objektmanagement aufgezeigt werden. Lösungsmöglichkeiten für häufig auftretende Probleme werden dargestellt. Ich habe versucht die Themen praxisgerecht zu bearbeiten, vor allem im rechtlichen Bereich habe ich mich grundsätzlich auf die herrschende Meinung in Literatur und Rechtsprechung bezogen.

Hinter dem Titel Objektmanagement steht naturgemäß ein sehr breites Spektrum, welches aufgrund des vorgegebenen Rahmens nur teilweise und auch dann nicht in aller Tiefe dargestellt werden kann. Einen Schwerpunkt habe ich auf die Verwaltung nach dem Wohnungseigentumsgesetz gelegt. Die Mietshausverwaltung kann nicht in diesem Umfang vertieft werden, da es im Gegensatz zur WEG-Verwaltung kein einheitliches, auf gesetzlichen Vorgaben beruhendes Leitbild gibt, aus dem spezielle Leistungspflichten entnommen werden können.

Besonderen Dank möchte ich Herrn Rechtsanwalt Stephan Volpp sowie meinen Schwiegereltern Josefine und Bruno Bopp aussprechen, die bei der Durchsicht des Manuskripts hervorragende Arbeit geleistet haben.

Des Weiteren danke ich meiner Ehefrau Dr. Ulrike Bopp-Haas, die mir bei meinen beruflichen und nebenberuflichen Tätigkeiten stets den Rücken freihält.

Nürtingen, im November 2004

Alexander Haas

Inhaltsverzeichnis

I	Vorwort	7
1.	Definitionen zum Objektmanagement	13
2.	Abgrenzung der Verwaltungsbereiche/ Strukturelle Betrachtungen	15
	2.1 Verwaltung von eigenen Immobilien	15
	2.2 Verwaltung von Immobilien für Dritte	16
	2.3 Betriebswirtschaftliche Aspekte	16
	2.3.1 Aufbauorganisation	17
	2.3.2 Konkurrenzanalyse	18
3.	Wohnungseigentum – Allgemeine Aspekte	21
	3.1 Rechtsgrundlagen	21
	3.2 Wirtschaftsplan	22
	3.2.1 Inhalt des Wirtschaftsplans	23
	3.2.2 Kostenkalkulation	23
	3.2.3 Zeitraum und Vorlage des Wirtschaftsplans	25
	3.3 Jahresabrechnung	26
	3.3.1 Zeitpunkt, Form und Inhalt	27
	3.3.2 Vorteilhafte Aspekte der Abrechnungserstellung	29
	3.3.3 Eigentümerversammlung	30
	3.3.3.1 Einberufung	31
	3.3.3.2 Stimmrecht	38
	3.3.3.3 Beschlussfähigkeit und Beschlussfassung	41
	3.4 Rücklagenbildung	43
4.	Der WEG-Verwalter als Immobilienmanager	47
	4.1 Aufgaben und Befugnisse des WEG-Verwalters	47
	4.1.2 Aufgaben und Befugnisse gemäß WEG	47
	4.1.3 Aufgaben und Befugnisse nach der Teilungserklärung	52
	4.1.4 Aufgaben und Befugnisse nach dem Verwaltervertrag	52
	4.2 Vergütung des WEG-Verwalters	53
	4.2.1 Einflussfaktoren auf die Verwaltervergütung	53
	4.2.2 Zusatzvergütungen	54
	4.2.3 Übernahme eines Objekts	56

Inhaltsverzeichnis

    4.2.3.1 Vorgang der Objektübernahme 56
    4.2.3.2 Objektübernahme unter
        Rentabilitätsgesichtspunkten 61
  4.3 Einzelprobleme im Wohnungseigentum 62
    4.3.1 Öffnungsklausel. 62
    4.3.2 Miteigentumsanteil 63
    4.3.3 Umsatzsteuerausweis in der Jahresabrechnung 64
5. Mietobjekte 67
  5.1 Aufgaben, Befugnisse und Vergütung des Mietverwalters . . 67
  5.2 Mietvertrag 69
  5.3 Kaution und andere Möglichkeiten der Sicherheitsleistung 70
  5.4 Betriebskosten 71
  5.5 Betriebskostenabrechnung 72
  5.6 Betriebskostenmanagement 76
  5.7 Beendigung und Abwicklung des Mietverhältnisses 77
  5.8 Mieterbeirat und Mieterinitiativen. 77
  5.9 Mietschuldenberatung und Soziales Management 78
  5.10 Besonderheiten beim Gewerberaummietverhältnis 80
  5.11 Gewerbliche Zwischenvermietung. 82
6. Büroobjekte, Centermanagement und Sonderimmobilien 85
7. Immobiliencontrolling 87
  7.1 Informationsversorgung im Objektmanagement 87
  7.2 Betriebskostenkontrolle mit Objektvergleichen
     (Betriebskosten-Benchmarking) 87
  7.3 Planung im Immobiliencontrolling 89
8. Facility Management. 91
  8.1 Ziele des Facility Managements 91
  8.2 Facility Management als Dienstleistung
     in der Nutzungsphase der Immobilie. 92
  8.3 Flächenmanagement. 92
  8.4 Leerstandsmanagement 93
9. Technischer Bereich. 97
  9.1 Instandhaltungsmanagement 97
    9.1.1 Begriffsabgrenzungen 97
    9.1.2 Strategien beim Instandhaltungsmanagement 98

Inhaltsverzeichnis

    9.1.3 Bestandserfassung 101
  9.2 Energie- und Umweltmanagement 102
    9.2.1 Wärmecontracting 102
    9.2.2 Energieausweis für Gebäude 103
    9.2.3 Trinkwasserverordnung 105
    9.2.4 Heizkostenverordnung und Heizkostenabrechnung. . 106
        9.2.4.1 Kostenverteilung........................ 108
        9.2.4.2 Verbrauchsschätzung 108
        9.2.4.3 Kaltwasserkosten in der
                Heizkostenabrechnung................... 109
        9.2.4.4 Erfassungsgeräte 110
  9.3 Sicherheitsmanagement 112
10. Versicherungsmanagement................................ 115
  10.1 Wichtige Immobilienversicherungen 116
  10.2 Versicherungen für den Objektmanager 121
  10.3 Schadensregulierung und Schnittstellen zu Versicherern . . . 125
11. Personalmanagement 129
12. Einzelfragen im Objektmanagement 133
  12.1 Kinder- und Abenteuerspielplätze 133
  12.2 Aufbewahrung von Verwaltungsunterlagen
       der Eigentümergemeinschaft 134
  12.3 Innovative Schadensmanagementkonzepte 135
  12.4 Funktionsfähigkeit von Fluchtwegen.................... 136
  12.5 Überwachungs- und Verkehrssicherungspflichten 139
  12.6 Wohnungsprivatisierung 141
II. Literaturverzeichnis 145
III. Stichwortverzeichnis 148
IV. Abkürzungsverzeichnis................................... 151

1. Definitionen zum Objektmanagement

Die Verwaltung von Immobilien umfasst alle Tätigkeiten, die eine bestmögliche wirtschaftliche Nutzung des Objekts gewährleisten und zur substanziellen Erhaltung beitragen.

Der Begriff des Hausverwalters wird immer häufiger durch den des Immobilienverwalters ersetzt. Dies zeigt sich beispielsweise an der bereits 1998 vollzogenen Umfirmierung des Dachverbandes Deutscher Hausverwalter (DDH) in den Dachverband Deutscher Immobilienverwalter (DDIV). Dessen Regionalverbände haben mittlerweile auch den wohl eher aufwertenden Namen des Immobilienverwalters in ihrer jeweiligen Verbandsbezeichnung. Ein Blick in die Branchenverzeichnisse unterstreicht diesen Trend auch auf Unternehmensebene.

Ob der immer umfangreicheren und anspruchsvolleren Aufgabenstellung damit Recht gegeben wird, bleibt dahingestellt: Jedes Haus ist eine Immobilie und jede Immobilie ist ein Haus (von unbebauten Grundstücken abgesehen).

Jedenfalls gilt ein Verwalter oftmals als ein Bewahrender, welcher erst bei bestimmten Ereignissen reagiert.

Eine passendere Aufwertung wäre der Immobilien- bzw. Objektmanager: So schrieb bereits die FAZ am 16.9.1994: „...der Verwalter von Miet- und Eigentumswohnungen wird immer mehr zum Immobilienmanager".

Für den Begriff Objektmanagement gibt es keine allgemeingültige Definition. Häufig wird Objektmanagement, Objektbewirtschaftung und auch Gebäudemanagement synonym zu Facility Management verwendet.

Die Abgrenzungen gestalten sich als problematisch, die unterschiedlichen Bezeichnungen oft gleichartiger Leistungen tragen zur Begriffsverwirrung bei.

Bei einer Unterscheidung zwischen institutionalem und funktionalem Management lässt sich das Objektmanagement dem funktionalen Bereich zuordnen, also einer Abfolge von Funktionen.

Diese wurden erstmals von Henri Fayol (1841-1925) benannt bzw. begründet:

1. Planen, 2. Organisieren, 3. Anweisen, 4. Koordinieren, 5. Kontrollieren

Auch wenn diese Einteilung inzwischen erweitert und modifiziert wurde, dürfte sich doch jeder Objektmanager in diesem Funktionen-Spektrum wiederfinden.

Kapitel 1

Der Begriff Objektmanager hat sich im Bereich der reinen Gewerberaumverwaltung durchgesetzt, wobei speziell bei der Betreuung von Einkaufszentren vom Centermanager gesprochen wird (vgl. hierzu Kapitel 6).

In diesem Buch werden die Begriffe Immobilienverwalter, Hausverwalter, Objektmanager und Immobilienmanager inhaltlich gleichgesetzt.

2. Abgrenzung der Verwaltungsbereiche/ Strukturelle Betrachtungen

Lernziele

Nach der Bearbeitung des nachfolgenden Kapitels sollten Sie
- wissen, warum es meist zur Fremdverwaltung von Renditeobjekten kommt,
- sich darüber im klaren sein, welche Arten von Unternehmen Immobilien verwalten,
- die objektbezogene von der sachbezogenen Aufbauorganisation im Hausverwaltungsbetrieb unterscheiden können.

Grundsätzlich wird unterschieden zwischen der Verwaltung von eigenen und fremden Immobilien.

2.1 Verwaltung von eigenen Immobilien

Bei der Verwaltung von eigenen Immobilien wird wiederum differenziert in die Verwaltung als Kerngeschäft oder in die Verwaltung von selbst genutzten Immobilien.

(1) Verwaltung von eigenen Immobilien als Kerngeschäft

Kommunale, genossenschaftliche und private Wohnungsunternehmen verwalten eigene Objekte als Kerngeschäft. Aus Renditegründen verbietet sich hier regelmäßig eine Verwaltung durch Dritte, vom Unternehmenszweck einmal ganz abgesehen.

(2) Verwaltung von selbst genutzten Immobilien

Eigentümer verwalten ihre selbst genutzten Gewerbeimmobilien meistens selbst. Ein kleines oder mittelständisches Unternehmen hat mit Bürohaus, Lagerhalle, Ladengeschäften, Werkstätten etc. meist überschaubare Immobilienbestände, bei denen eine Fremdverwaltung nicht unbedingt sinnvoll ist.

Falls große Immobilienbestände zur Betreibung des Kerngeschäftes benötigt werden, ist es offensichtlich, dass die Verwaltung nicht nebenbei betrieben werden kann. Bei Konzernen wie der Deutschen Bahn oder der Telekom werden häufig eigene Verwaltungstöchter gegründet, welche sich mit dem strategischen und operativen Immobilienmanagement befassen.

Bei einer selbst genutzten Wohnimmobilie wird es darauf ankommen, ob auch ein Vermietungsanteil vorhanden ist. Im Zweifamilienhaus mit vermieteter Hälfte kann unter Umständen eine Fremdverwaltung bereits Sinn machen.

2.2 Verwaltung von Immobilien für Dritte

Die Fremdverwaltung bzw. Verwaltung für Dritte versteht sich grundsätzlich als Dienstleistung für den Eigentümer.

Zur Fremdverwaltung von Renditeobjekten kommt es meist dann, wenn die Verwaltung durch den Eigentümer zu aufwendig bzw. undurchführbar wird. Wenn die Immobilienverwaltung nicht zu den Kernkompetenzen gehört, sind Mieterwechsel, rechtswirksame Mieterhöhungen, bautechnische und rechtliche Fragestellungen rund um die Immobilie noch problematischer als sie es ohnehin sind.

Mit der Einführung des Wohnungseigentumsgesetzes (WEG) vom 15.3.1951 erweiterte sich das Aufgabenfeld um die Verwaltung des gemeinschaftlichen Eigentums einer Eigentümergemeinschaft. Hier wird oftmals auch zusätzlich eine Mietverwaltung bzw. Sondereigentumsverwaltung für einzelne, teilweise auch alle Eigentümer durchgeführt. Die Verwaltung durch einen Dritten ist zwar nicht zwingend vorgeschrieben, dürfte aber gerade im Bereich der Eigentümergemeinschaft sinnvoll sein. Schließlich soll eine neutrale Behandlung der Eigentümer gegeben sein, ohne eigene Interessen. Zudem ist es erfahrungsgemäß so, dass selbstverwaltete Eigentümergemeinschaften irgendwann feststellen müssen, dass eine qualifizierte Verwaltung Kosten und Ärger erspart hätte. Bei sehr kleinen Eigentumswohnanlagen fällt es jedoch häufig schwer, einen seriösen Verwalter zu finden, da eine zumindest kostendeckende Vergütung kaum zu erzielen ist.

Grundsätzlich hat jeder Eigentümer Anspruch auf eine Verwaltung (§ 21 Abs. 4 WEG). Diesen Anspruch kann er gerichtlich durchsetzen, falls die Miteigentümer dies nicht mittragen.

Ferner gehört auch eine Zwangsverwaltung wegen Insolvenz des Eigentümers zur Fremdverwaltung.

2.3 Betriebswirtschaftliche Aspekte

Viele wohnungswirtschaftliche Unternehmen mit einer angegliederten Hausverwaltungsabteilung müssen schon eine Kostendeckung ihrer Verwaltungsabteilung als Erfolg betrachten. Es scheint, als ob diese Unternehmen vielleicht nur deshalb diese Abteilung behalten, um hieraus einen Deckungsbeitrag für die Fixkosten der konjunkturempfindlicheren anderen Unternehmensfelder zu erwirtschaften. Ein anderer Grund für den Erhalt der Abteilung können auch verschiedene Synergieeffekte sein, so wie die Kontaktpflege zwischen Bauträger und Kapitalanleger.

Oft sind mangelhafte bzw. nicht gerade kostenoptimale Organisationsabläufe sowie eine falsche Vergütungsgestaltung ursächlich für ein negatives Ergebnis. Ein reines Verwaltungsunternehmen kalkuliert und arbeitet insgesamt in einer anderen Art und Weise als ein Unternehmen, welches eine Verwaltungsabteilung lediglich „mitzieht".

2.3.1 Aufbauorganisation

Die Aufbauorganisation stellt einen wesentlichen strategischen Aspekt der Organisation dar. Im Hausverwaltungsunternehmen kann die Organisationsstruktur grundsätzlich sachbezogen oder objektbezogen aufgebaut sein.

(1) Objektbezogene Aufbauorganisation

Dem jeweiligen Mitarbeiter wird eine bestimmte Anzahl von Objekten zugewiesen, für die er verantwortlich ist. Für diese Generalisten-Funktion kommen nur Mitarbeiter in Betracht, welche eine entsprechende Erfahrung bzw. Kenntnisse aufweisen können. Hier zeigt sich das Manko der Verwalter-Ausbildungssituation, denn solch qualifizierte Mitarbeiter gibt es nicht zuhauf.

Je nach Betriebsgröße werden jedoch auch hier verschiedene Tätigkeiten von speziellen Abteilungen ausgeübt, wie Buchhaltung, EDV oder Technik.

Vorteile: Die Kunden haben einen kompetenten Ansprechpartner, welcher sich bei dem von ihm betreuten Objekt in jeder Hinsicht auskennt, die Sachbearbeiter sind in der Regel motivierter.

Nachteile: Probleme entstehen bei Urlaub, Krankheit oder gar Kündigung des Mitarbeiters. Es besteht auch die Gefahr, dass der Mitarbeiter sich mit den ihm anvertrauten Kunden zumindest teilweise selbstständig machen könnte.

Diese Struktur überwiegt in der Praxis. Zur Minimierung der negativen Aspekte muss ein Kollege zur Verfügung stehen, der sich bei Bedarf relativ schnell mit den Objekten und deren Eigenheiten zurechtfindet.

(2) Sachbezogene Aufbauorganisation
Der Arbeitsanfall wird funktionsorientiert aufgeteilt. Die einzelnen Mitarbeiter beherrschen lediglich ihre Teilbereiche.
Vorteile: gebündelteres Fachwissen, flexiblere Personal-Struktur.
Nachteile: Probleme beim Informationsfluss, Neigung zum „Abteilungsdenken", der Kunde hat keinen festen Ansprechpartner.

2.3.2 Konkurrenzanalyse

In diesem Bereich zeigt sich die Undurchsichtigkeit der Hausverwaltungsbranche sehr deutlich. Die Bedeutung der Konkurrenz hängt stark vom Expansionsdrang und den vorhandenen Akquisitionsmöglichkeiten ab. Falls nur ein Verwaltungsbestand einer bestimmten Höhe angestrebt wird, und das Erreichen dieser Höhe als sicher gelten kann, ist der Konkurrenzaspekt von untergeordneter Bedeutung. Die Erfüllung der erwarteten Leistungen des Verwalters wird jedoch vorausgesetzt.

(1) Makrobetrachtung
Bei Schätzungen der Anzahl von gewerblichen Verwaltern kann unterschieden werden in ausschließlich verwaltende Unternehmen und solche, bei denen die Verwaltung nur eines von mehreren Geschäftsfeldern ist.
Erstere werden seitens des Bundesfachverbandes der Wohnungsverwalter (BFW) auf ca. 15.000 geschätzt, wovon jedoch nur etwa 2.000 zu den größeren Unternehmen mit mehreren Mitarbeitern und einem Verwaltungsbestand ab 1.000 Einheiten gehören.
Letztere sind zahlenmäßig deutlich höher:
- Es gibt in Westdeutschland ca. 1.100, in Ostdeutschland ca. 800 Wohnungsbaugenossenschaften, die meist auch Fremdbestände verwalten.
- Immobilienmakler bieten teilweise auch die Verwaltungsdienstleistung an.
- Bauträger verwalten zum Teil den selbst erstellten Wohnungsbestand, oft nur für eine bestimmte Zeit. Manchen wird unterstellt, die Verwaltung nur bis zum Ende der Gewährleistungsfrist zu betreiben, um der Thematik nachbesserungspflichtiger Schäden nicht im notwendigen

Maße nachgehen zu müssen. Durch die Höchstbestellungsdauer von nur noch drei Jahren für den Erstverwalter will der Gesetzgeber hier mögliche Interessenskonflikte verhindern. Seriöse Bauträger mit der Hauptzielgruppe der Kapitalanleger haben jedoch durch die Selbstverwaltung einen engen Kundenkontakt und rechnen sich höhere Chancen aus, bei einer erneuten Kaufabsicht in die Wahl genommen zu werden.

- Kommunale und kirchlich getragene Wohnungsunternehmen verwalten meist nur Eigenbestand, in Ballungsräumen werden jedoch des öfteren auch größere Fremdbestände verwaltet; Versicherungsgesellschaften etc. verwalten normalerweise nur den Eigenbestand.

(2) Mikrobetrachtung

Der Immobilienverwalter hat nach diversen Befragungen ein Betätigungsfeld in einem Radius von ca. 30 km. Doch selbst in diesem Gebiet fällt es schwer, sich ein Bild von der Konkurrenz zu verschaffen.

Es drängt sich der Eindruck auf, dass die Verwaltungsunternehmen ihre Kapazitätsgrenze meist schon erreicht haben und nach außen praktisch unsichtbar agieren. Solche Verwalter werden dann nur von ihrem spezifischen Umfeld wahrgenommen, also von den jeweiligen Eigentümern, Mietern, Handwerkern etc.

Jene Unternehmen der Wohnungs- und Immobilienwirtschaft, welche die Verwaltung nur als eines von mehreren Geschäftsfeldern betreiben, sind zwar meist in der Region bekannt, jedoch nicht unbedingt als Verwalter. Gründe hierfür können sein:
- Es wird primär Eigenbestand verwaltet.
- Die Kapazitätsgrenze ist erreicht.
- Da oftmals nur Verlustbringer, wird für diesen Bereich entsprechend wenig geworben. Der Verwaltungsbestand wird nur in Hinblick auf Synergieeffekte beibehalten.

Kapitel 2

Kontrollfragen

1. Was hat die objektbezogene Aufbauorganisation im Hausverwaltungsbetrieb für Vorteile gegenüber der sachbezogenen Aufbauorganisation?
2. Warum haben reine Hausverwaltungsunternehmen meist eine bessere Rendite als die entsprechenden Abteilungen in Unternehmen, bei denen die Hausverwaltung nur einer von mehreren Geschäftszweigen ist?
3. Warum ist es auch bei kleinen Eigentümergemeinschaften grundsätzlich sinnvoll, mit einem gewerblichen Verwalter zusammen zu arbeiten?

3. Wohnungseigentum – Allgemeine Aspekte

> **Lernziele**
>
> Nach dem Durchlesen dieses Kapitels sollten Sie im Bereich der Verwaltung nach dem Wohnungseigentumsgesetz
> - wissen, wie die Jahresabrechnung zu erstellen ist und was für Besonderheiten zu beachten sind,
> - erkennen, welche Funktion die Eigentümerversammlung nicht nur als Pflichtaufgabe für den Verwalter hat,
> - die verschiedenen Beschlussformen kennen und unterscheiden können,
> - hinsichtlich Wirtschaftsplan und Rücklagenbildung informiert sein.

Mehr als jede zehnte Wohnung in Deutschland ist eine Eigentumswohnung, neueren nicht amtlichen Zahlen zufolge sind das ca. 5 Millionen.

Der ursprüngliche Gedanke war ein eher kleines Haus, in dem vier, fünf oder sechs Familien in separaten Wohnungen unter einem Dach zusammenleben. 1951, als das Wohnungseigentumsgesetz in Kraft trat, dachte man nicht im entferntesten an Großwohnanlagen wie den Hannibal in Stuttgart mit ca. 1.137 Eigentumswohnungen oder gar die Damp 2000 an der Ostseeküste mit eben dieser Zahl an Ferienwohnungen in der Form einer Eigentümergemeinschaft.

Selbst der Kapitalanleger, der die Wohnung von vornherein nicht nutzt, war damals nach dem Krieg und der damit verbundenen Wohnungsnot eine seltene Spezies. Das hat sich sehr stark gewandelt. Neben den Großwohnanlagen gibt es heutzutage viele reine Kapitalanlegergemeinschaften. Deren Objekte können je nach Blickwinkel als quasi Mietshäuser betrachtet werden, mit dem besonderen Merkmal, dass jede Wohnung einem anderen Eigentümer gehört. Ansprüche der Mieter sind direkt an den jeweiligen Eigentümer zu richten.

3.1 Rechtsgrundlagen

Wohnungseigentum wird gemäß § 1 Abs. 2 Wohnungseigentumsgesetz (WEG) definiert als Sondereigentum an einer Wohnung in Verbindung

Kapitel 3

mit dem Miteigentumsanteil an dem gemeinschaftlichen Eigentum, zu dem es gehört.

Falls es um nicht zu Wohnzwecken dienende Räume geht, spricht man vom Teileigentum. Beispiele hierfür sind: Läden, Büros oder Garagen. Dafür gelten nach § 1 Abs. 6 WEG dieselben Vorschriften. Bei der Verwendung der Begriffe Wohnungseigentum bzw. Wohnungseigentümer ist also auch immer das Teileigentum bzw. der Teileigentümer gemeint.

Die Eigentümergemeinschaft ist nach dem BGH ein Rechtssubjekt eigener Art, nämlich eine durch Gesetz zu einer Organisation zusammengefasste Personenmehrheit. Sie kann neben den Wohnungseigentümern im Rechtsverkehr auftreten. In der WEG-Novelle zum 1.7.2007 wurde die Teilrechtsfähigkeit auf eine gesetzliche Grundlage gestellt.

Als Verwaltung im Sinne des WEG gilt jede Entscheidung und Maßnahme, die eine Regelung der Sachlage oder eine Geschäftsführung in rechtlicher oder tatsächlicher Beziehung zum gemeinschaftlichen Eigentum enthält und im Interesse der Gesamtheit der Wohnungseigentümer erforderlich ist bzw. liegt.

Das WEG sieht zwei Möglichkeiten zur Begründung von Wohnungseigentum vor:

(1) Begründung durch vertragliche Einräumung von Sondereigentum (§ 3 WEG)

Mehrere Miteigentümer des Grundstücks räumen sich durch notariellen Vertrag das Sondereigentum an einer Wohnung ein und beschränken damit die einzelnen Miteigentumsanteile.

(2) Teilung durch Eigentümer (§ 8 WEG)

Der Grundstückseigentümer teilt durch Erklärung gegenüber dem Grundbuchamt das Grundstückseigentum in der Weise in Miteigentumsanteile, dass mit jedem Miteigentumsanteil das Sondereigentum an einer Wohnung verbunden ist. Diese Erklärung erfolgt durch eine notariell beglaubigte Urkunde.

3.2 Wirtschaftsplan

Der Wirtschaftsplan ist der Haushaltsplan der Eigentümergemeinschaft für grundsätzlich ein Kalenderjahr. Er dient hauptsächlich der Ermittlung der vorläufigen Beitragsverpflichtung der Eigentümer, dem sogenannten Hausgeld.

Bedeutung hat der Wirtschaftsplan auch gegenüber vermietenden Eigentümern: diese beziehen ihre Nebenkostenvorauszahlungen gegenüber den Mietern im Wesentlichen auf den Wirtschaftsplan. Differenziert wird dieser in Gesamt- und Einzelwirtschaftsplan.

3.2.1 Inhalt des Wirtschaftsplans

Nach § 28 Abs. 1 WEG hat der Wirtschaftsplan folgendes zu enthalten:
- die voraussichtlichen Einnahmen und Ausgaben bei der Verwaltung des gemeinschaftlichen Eigentums,
- die anteilmäßige Verpflichtung der Wohnungseigentümer zur Lasten- und Kostentragung,
- die Beitragsleistung der Wohnungseigentümer zu der in § 21 Abs. 5 Nr. 4 WEG vorgesehenen Instandhaltungsrücklage.

Welche einzelnen Einnahmen und Ausgaben im Wirtschaftsplan ausgewiesen werden, ergibt sich aus den Gegebenheiten des jeweiligen Objekts und hängt von der Entscheidung der Eigentümerversammlung ab.

Ein Wirtschaftsplan, der statt Einzelpositionen bzw. jeweiligen Kostenarten lediglich Gesamtbeträge enthält, entspricht nicht ordnungsgemäßer Verwaltung.

Falls Angaben zum Verteilungsschlüssel fehlen, ist der Wirtschaftsplan auf Anfechtung hin ebenfalls für ungültig zu erklären.

Die Ausweisung und Gliederung der jeweiligen Positionen sollte mit der Jahresabrechnung übereinstimmen, damit die Eigentümer einen Vergleich zwischen den veranschlagten und den tatsächlichen Einnahmen und Ausgaben ziehen können.

3.2.2 Kostenkalkulation des Wirtschaftsplans

Der Wirtschaftsplan ist die Grundlage für die Bemessung der nach § 28 Abs. 1 Satz 2 Nr. 2 und Abs. 2 WEG zu zahlenden Wohngeldvorschüsse bzw. Hausgelder.

Eine zu geringe Vorausschätzung könnte die Liquidität der Eigentümergemeinschaft gefährden, deshalb soll eine *großzügige* Vorausschätzung gemacht werden. Es sollen jedoch keine Ausgaben aufgenommen werden, die voraussichtlich nicht eintreten werden.

Der Wirtschaftsplan orientiert sich an den Vorjahreswerten der Jahresabrechnung, die unter Berücksichtigung bekanntgewordener oder nach Erfahrungswerten voraussehbarer Änderungen fortgeschrieben werden. Der Verwalter sollte zu erwartende Kostensteigerungen berücksichtigen.

Bei einem neuen Objekt ist das Problem gegeben, dass direkt nach Bezug meist größere Ausgaben zu tätigen sind, jedoch keine Rücklagen vorhanden sind.

Beispiele für solche Ausgaben sind die Grundausstattung des Hausmeisters, Heizöl, Versicherungsprämien, Vorauszahlungen für Müll oder Wasser.

Um hier die Zahlungsfähigkeit zu gewährleisten, sollte der Verwalter eine angemessene Sonderzahlung bzw. ein Startgeld anfordern.

Wenn die im Wirtschaftsplan kalkulierten Beträge nicht ausreichen, so stellt sich die Frage, ob der Verwalter entsprechende Kredite aufnehmen darf. Ein Liquiditätsproblem muss nicht nur durch die Kostenseite bedingt sein, sondern kann auch an Ausfällen bei den Hausgeldeinnahmen liegen.

Kurzfristige Kontoüberziehungen bei der Begleichung von größeren Rechnungen wie Öllieferungen, öffentliche Gebühren oder Versicherungsprämien liegen noch im Rahmen ordnungsgemäßer Verwaltung, wenn davon auszugehen ist, dass die Kreditmittel in ein oder zwei Monaten zurückgeführt werden.

Falls die Kontoüberziehung als Folge fehlender Hausgeldzahlungen eintritt, so ist der Verwalter ohne einen entsprechenden Mehrheitsbeschluss dazu nicht berechtigt, einen Kredit aufzunehmen oder das Verwaltungskonto zu überziehen (OLG Hamm, WE 1992, 136).

Die Aufnahme längerfristiger Kredite größeren Umfangs ist dem Verwalter nicht erlaubt. Bei umfangreichen Instandhaltungsmaßnahmen, die in Abweichung vom Wirtschaftsplan durchgeführt werden sollen, muss der Verwalter einen Beschluss über die Maßnahme und die Art der Finanzierung herbeiführen.

Wenn nicht vorhersehbare Kostenerhöhungen den Verwalter handlungsunfähig machen, so sollte dieser grundsätzlich eine außerordentliche Eigentümerversammlung einberufen und hier die notwendigen Gelder durch Mehrheitsbeschluss entsprechend heranziehen. Eine Sonderumlage wird dann benötigt, diese hat im Übrigen Hausgeldcharakter. Dieser Vorgang ist quasi als Nachtragshaushalt zum Wirtschaftsplan zu sehen.

Ein Umlaufbeschluss nach § 23 Abs. 3 WEG erscheint regelmäßig nur bei kleinen Wohnanlagen erfolgversprechend, da dieser Beschluss nur gültig ist, wenn alle Eigentümer die notwendige Zustimmung erteilen (siehe auch Kapitel 3.3.3.2).

3.2.3 Zeitraum und Vorlage des Wirtschaftsplans

Nach § 28 Abs. 1 WEG ist der Wirtschaftsplan von dem Verwalter für jeweils ein Kalenderjahr aufzustellen.

Diese Regelung ist jedoch abdingbar, so dass die Wohnungseigentümer auch eine abweichende Vereinbarung treffen können (also wenn das Wirtschaftsjahr nicht dem Kalenderjahr entspricht, wie vom 1. April bis zum 31. März). Der Rechtsprechung zufolge genügt auch ein Mehrheitsbeschluss.

Einen bestimmten Termin, bis zu dem der Verwalter den Wirtschaftsplan vorzulegen hat, schreibt das Gesetz nicht vor. Da in der Eigentümerversammlung darüber beschlossen wird, sollte die Vorlage in den „ersten Monaten" eines Kalender- oder Wirtschaftsjahres erfolgen (BayObLG, Beschl. vom 15.3.1990, 2 Z 18/90).

Grundsätzlich gilt der Wirtschaftsplan auch nur für das jeweilige Kalender- bzw. Wirtschaftsjahr. Nach Ablauf dieses Zeitraums entfällt die Verpflichtung der Eigentümer nach § 28 Abs. 2 WEG, Hausgeldvorschüsse zu leisten.

Um dem vorzubeugen, sollte der Verwalter in jedem Falle bei der Beschlussfassung über den Wirtschaftsplan hinzufügen, dass der zu beschließende Wirtschaftsplan bis zur Beschlussfassung eines neuen Wirtschaftsplans fortgilt.

Falls der Wirtschaftsplan erst während des betreffenden Kalender- bzw. Wirtschaftsjahres beschlossen wird, was die Regel ist, so wirkt er auf dessen Beginn zurück, sofern nichts anderes beschlossen ist (BayObLG vom 22.12.1982, 2 Z 96/81).

Für vermietende Eigentümer kann es Probleme mit sich bringen, wenn das Wirtschaftsjahr vom Kalenderjahr abweicht: vor allem hinsichtlich der Übersichtlichkeit bei der Nebenkostenabrechnung und aus steuerlichen Gründen. Letzteres spielt in der Praxis jedoch kaum eine Rolle, da die Finanzämter Vereinfachungsregeln zugrunde legen.

Laut § 28 Abs. 5 WEG erfolgt die Beschlussfassung über den Wirtschaftsplan in der Eigentümerversammlung mit einfacher Mehrheit.

Im Zusammenhang mit Instandhaltungen bzw. Instandsetzungen ist zu beachten: Enthält der Wirtschaftsplan die Kosten für eine konkret benannte Instandhaltung oder Instandsetzung oder auch für eine bauliche Veränderung, dann wird mit dem Beschluss des Wirtschaftsplans im Zweifelsfalle die Durchführung der Maßnahme mitbeschlossen und eine erforderliche Zustimmung nach § 22 Abs. 1 WEG erteilt (u.a. KG Berlin WE 1993, 223).

Ein Beschluss, einen für das Vorjahr aufgestellten Wirtschaftsplan in das neue Wirtschaftsjahr zu übernehmen, ist nicht zu beanstanden (BayObLG vom 23.8.90).

Nachfolgend ein Beispiel für einen üblichen Beschluss über den Wirtschaftsplan:

TOP 4: Wirtschaftsplan 2007
Die vorgelegten Gesamt- und Einzelwirtschaftspläne werden genehmigt. Der Wirtschaftsplan behält seine Gültigkeit, bis ein neuer Wirtschaftsplan beschlossen wird. Die neuen Vorauszahlungsbeträge sind ab dem 1. Mai 2007 gültig, mit Fälligkeit jeweils zum Monatsersten.

Wenn der Wirtschaftsplan angefochten wird, so bleibt er bis zu einer eventuellen Ungültigkeitserklärung durch das Gericht zunächst wirksam. Demnach muss auch der anfechtende Eigentümer die Zahlungsverpflichtung erfüllen. Jedoch hat dann dieser Eigentümer gegebenenfalls einen späteren Rückzahlungsanspruch.

Wird ein Wirtschaftsplan, welcher auf einem fehlerhaften Kostenverteilungsschlüssel beruht, genehmigt und dieser Beschluss nicht angefochten, so bleibt er wirksam. Es liegt nur ein gesetzeswidriger Mehrheitsbeschluss vor.

3.3 Jahresabrechnung

Gegenüber dem Wirtschaftsplan, der den *vorläufigen* Beitrag der Wohnungseigentümer zu Lasten und Kosten des gemeinschaftlichen Eigentums bestimmt, bezieht sich die Jahresabrechnung auf den *endgültigen* Beitrag.

Hierbei greift der Wirtschaftsplan der Jahresabrechnung keinesfalls vor. So ist der mit dem Wirtschaftsplan beschlossene Verteilungsschlüssel für die Abrechnung nicht verbindlich. Gleichwohl sollten die Schlüssel im Wirtschaftsplan und der Jahresabrechnung aus Gründen der Transparenz identisch sein.

Ein falscher Verteilungsschlüssel im Wirtschaftsplan ist in der Abrechnung durch den richtigen zu ersetzen (u.a. KG Berlin WE 1990, 210).

Nach § 28 Abs. 3 WEG hat der Verwalter nach Ablauf eines Kalenderjahres eine Abrechnung aufzustellen, über die nach § 28 Abs. 5 WEG die Wohnungseigentümer durch Stimmenmehrheit beschließen.

Seit das Wohnungseigentumsgesetz 1951 in Kraft getreten ist, wurden die Anforderungen an die Abrechnung immer anspruchsvoller. Vor allem durch die Rechtsprechung, aber auch durch die Einführung der Heizkostenverordnung im Jahr 1981.

Schließlich sind auch die Ansprüche der Eigentümer gestiegen: Ein vermietender Eigentümer möchte mit dem geringsten Aufwand die WEG-Abrechnung zur Grundlage seiner Nebenkostenabrechnung mit dem Mieter verwenden.

Wie sich die Abrechnung im Detail gestaltet, wird vom Gesetz nicht geregelt. Daher hat die Rechtsprechung die Grundsätze ordnungsgemäßer Verwalterabrechnungen konkretisiert.

Nach einer Entscheidung des KG Berlin vom 7.1.1985 (DWE 1/86, 27) heißt es beispielsweise:

Die Grundsätze ordnungsgemäßer Verwaltung verlangen, dass die nach § 28 Abs. 3 WEG aufzustellende Abrechnung vollständig, übersichtlich und nachprüfbar Auskunft über die wirklichen Einkünfte und Ausgaben der Gemeinschaft geben muss.

3.3.1 Zeitpunkt, Form und Inhalt der Abrechnungserstellung

Der Verwalter sollte die Jahresabrechnung so zügig wie möglich erstellen und den Eigentümern zur Beschlussfassung vorlegen. Spätestens das Ende des ersten Halbjahres vom Folgegeschäftsjahr betrachtet die Rechtsprechung als Maximalfrist. Da viele Eigentümer ihre Steuererklärung bereits zum Stichtag Ende Mai abgeben möchten, sollte darauf Rücksicht genommen werden.

Schuldhafte Verzögerungen eines Verwalters können zu Verzugsschadensersatzansprüchen der Eigentümer führen.

Zwingende inhaltliche Anforderungen sind: Gesamt- und Einzelkosten, Gesamt- und Einzeleinnahmen, Verteilungsschlüssel je Ausgabenposition, Entwicklung des Bank- und des Rücklagenkontos.

Die Abrechnung wird von der Rechtsprechung als eine Einnahmen- und Ausgabenrechnung mit der Aufteilung des Ergebnisses auf die einzelnen Eigentümer betrachtet und keinesfalls als Jahresabschluss im Sinne von

Kapitel 3

Bilanz, Gewinn- und Verlustrechnung (u.a. OLG Düsseldorf, Beschl. vom 16.11.1998, 3 W 397/97).

Die herrschende Auffassung in Literatur und Rechtsprechung lehnt die Bildung von Jahresabgrenzungspositionen grundsätzlich ab. Danach gilt für die Abrechnung das reine Zufluss- und Abflussprinzip.

Bankbewegungen nach dem Abrechnungsstichtag finden demnach keine Berücksichtigung mehr.

Die Heizkostenverordnung bringt hier eine Ausnahme mit sich. Bei der Wärmekostenabrechnung wird eine Ausnahme zugelassen bzw. sogar gefordert, nämlich beim Heizölrestbestand bzw. der Gasschlussrechnung (vgl. Kapitel 9.2.5).

Zu den Bestandskonten: Darunter sind die jeweiligen Bank-, Rücklagen-, Forderungs- und Verbindlichkeitskonten zu verstehen.

Die Erfassung und Darstellung dieser Konten ergibt sich aus der Rechtsprechung, welche nachfolgende Inhalte in der Jahresabrechnung fordert:

- Auskunft über die Konten. Wobei diese zum Beginn *und* zum Ende des Wirtschaftsjahres aufzuführen sind,
- die Summe der gesamten Wohngeldzahlungen und sonstigen Einnahmen sowie
- die Entwicklung der Instandhaltungsrücklage mit Zinserträgen.

Es ist zweckmäßig, diese Angaben in einem Vermögensstatus als Teil der Jahresabrechnung zusammenzufassen.

Saldenvorträge einer Gesamtabrechnung (abgerechneter Jahresüberschuss oder -fehlbetrag) sind ebenso wie Einzelabrechnungssalden (Einzelergebnisse früherer Geschäftsjahre mit Nachzahlungsschuld oder Restguthabensforderung) nicht in eine neuerliche Abrechnung zu übernehmen, insbesondere nicht nochmals zu beschließen. Schließlich betrifft dies alte, bereits bestandskräftig genehmigte Abrechnungen (u.a. KG Berlin vom 15.2.1993).

Seit dem Anwendungsschreiben des Bundesfinanzministeriums vom 3.11.2006 sind nun auch Angaben zu den haushaltsnahen Dienstleistungen nach § 35 a Einkommensteuergesetz Bestandteil einer ordnungsgemäßen Abrechnung.

Abschließend zum Begriff der *Abrechnungsspitze*:
Meist ergibt sich aus der Jahresabrechnung eine Restforderung bzw. Nachzahlung, weil die im Wirtschaftsplan veranschlagten Ausgaben nied-

riger sind als die tatsächlichen Ausgaben. Diese Restforderung gilt als Abrechnungsspitze und ist im Falle eines Eigentümerwechsels von dem Eigentümer zu zahlen, der zum Zeitpunkt der Beschlussfassung über die Jahresabrechnung im Grundbuch eingetragen war (BGH, 21.4.1988, V ZB 10/87).

Es ist dabei unerheblich, wann die Restforderung entstanden ist. Der neue Eigentümer ist auch dann zur Zahlung verpflichtet, wenn es um Jahresabrechnungen aus früheren Abrechnungszeiträumen geht. Ein Verstoß gegen Treu und Glauben könnte dann vorliegen, wenn die Eigentümergemeinschaft absichtlich die Beschlussfassung über solche Jahresabrechnungen herauszögert, bis ein solventer Neueigentümer im Grundbuch eingetragen ist. Hier liegt dann allerdings keine Nichtigkeit vor (z.B. BayObLG, 21.7.1994, 2ZBR 43/94), der Abrechnungsbeschluss müsste angefochten werden, damit ihn das Gericht ggf. für ungültig erklärt.

Umgekehrt gilt, dass der neue Eigentümer einen Anspruch auf Auszahlung von Guthaben hat (KG Berlin, 31.1.2000, 24 W 7617/99).

3.3.2 Empfehlenswerte Aspekte zur Jahresabrechnung

Von der Rechtsprechung noch nicht zwingend gefordert, ist eine Übersicht über die offenen Forderungen der Gemeinschaft. Dennoch kann das durchaus empfehlenswert sein, vor allem im Hinblick auf Hausgeldrückstände. Wenn hier die säumigen Eigentümer namentlich in einer Saldenliste aufgeführt werden, kann es sich durchaus disziplinierend auf die künftigen Hausgeldzahlungen auswirken.

Auch wenn es Software gibt, welche diese Liste explizit als „Prangerfunktion" bezeichnet, sollte bewusst sein, dass jeder Eigentümer durchaus wissen darf und soll, wer sich im Rückstand befindet. Schließlich wird dadurch auch der Verwalter in seinem Mahnwesen in einer gewissen Weise kontrolliert, die Eigentümer mit ihrer gesamtschuldnerischen Haftung haben die notwendige Transparenz.

Bei den Erfolgskonten (Einnahmen- und Ausgabenkonten) sollte der Verwalter im Hinblick auf die vermietenden Eigentümer als Serviceleistung die *umlagefähigen* und *nichtumlagefähigen* Kostengruppen getrennt ausweisen.

Die Anzahl der Ausgabenkonten hängt im Regelfall von der Größe bzw. eher noch der Komplexität des Verwaltungsobjekts ab. Grundlage der Ausgabenkonten bzw. Kostenarten ist der Wirtschaftsplan. Falls während des Wirtschaftsjahres Sonderumlagen beschlossen wurden, sind diese auch in der Jahresabrechnung aufzuführen.

Um Rückfragen vorzubeugen, sollte bei erklärungsbedürftigen Kostenarten wie *Sonstige Kosten* oder *Instandsetzungen* eine Kontengliederung bzw. Kontenübersicht in die Abrechnung integriert werden.

Es ist zweckmäßig, sich bei den Kostenarten an der Betriebskostenaufstellung nach § 2 Betriebskostenverordnung zu orientieren. Das vereinfacht den vermietenden Eigentümern die Nebenkostenabrechnung.

Zusätzlich sind noch auf den Mieter nicht umlagefähige Positionen aufzuführen wie Bankgebühren oder Zuführung zur Instandhaltungsrückstellung.

Allerdings können Eigentümer keinesfalls verlangen, dass in der Jahresabrechnung eine an der Betriebskostenverordnung ausgerichtete Aufgliederung der Ausgaben erfolgt. Der Verwalter kann auch rechtlich nicht gezwungen werden, umlage- bzw. nicht umlagefähige Positionen getrennt aufzuführen (OLG Stuttgart vom 31.10.1989, WE 3/90, 106).

Der WEG-Verwalter wird von den Eigentümern häufig darum gebeten, bei deren Mieterabrechnungen zu helfen. Manche Verwalter streben dann eine Sondereigentumsverwaltung an, damit wird mehr Umsatz aus dem Objekt generiert. Die Verwalter, die sich auf die bisherige Tätigkeit beschränken und aus welchen Gründen auch immer keine Mietverwaltung machen wollen, können mit Hilfe innovativer Software ihren Mietern trotzdem eine erhebliche Hilfeleistung zukommen lassen, ohne Mehrkosten für Verwalter oder Eigentümer:

Der Eigentümer geht auf einen mit Passwort geschützten Bereich der Homepage des Verwalters. Dort hat er Einblick in seinen aktuellen Kontoauszug und seine Jahresabrechnung. Der vermietende Eigentümer kann zuhause seine eigene Mieterabrechnung erstellen, indem er zusätzliche Umlagepositionen wie die Grundsteuer und die Vorauszahlungen seines Mieters eingibt und dann automatisch seine Mieterabrechnung erhält. Diese kann er ausdrucken und an seinen Mieter weiterreichen. Da der Mieter die Abrechnungsvorlage frei editieren kann, hat er sämtliche Möglichkeiten hinsichtlich der Umlagefähigkeit etc.

Abgerundet wird dieser Service durch eine Handwerker-Notrufliste und Mitteilungen der Verwaltung, speziell für das konkrete Objekt. Siehe hierzu die Kundenbereichsseite des Autors: www.haas-immobilienverwaltung.de

3.3.3 Eigentümerversammlung

Die gesetzlichen Grundlagen zur Einberufung, Leitung bzw. Durchführung sowie der Beschluss-Protokollierung finden sich in den §§ 23 bis 25 WEG. Diese sind zum Teil zwingende (unabdingbare), zum Teil dispositive (abdingbare) Detailbestimmungen.

Eigentümerversammlungen sollten vom Verwalter nicht als lästiges Übel angesehen werden. Dieses Zusammenkommen stellt oft den einzigen Kontakt mit den Eigentümern dar. Eine gut organisierte und geleitete Versammlung signalisiert dem Eigentümer, dass er bei der Verwalterentscheidung die richtige Wahl getroffen hat. Eine Wiederwahl ist sicherer und auch eine Weiterempfehlung an andere Eigentümergemeinschaften könnte eher wahrscheinlich sein.

Die soziale Kompetenz des Verwalters ist gefordert: Er muss unter anderem moderieren, Konflikte schlichten und möglichst rasch einen Konsens herbeiführen – dies bei den verschiedensten Tagesordnungspunkten.

Der Verwalter hat im Regelfall im Laufe des Jahres eine Vielzahl von Versammlungen abzuhalten. Deshalb kann es nicht akzeptabel sein, die Treffen zeitlich ausufern zu lassen, sowie unnötige und zudem auch ärgerliche Streitgespräche mit oder zwischen den Eigentümern aufkommen zu lassen.

Nicht zuletzt deswegen sollte der Verwalter den rechtlichen Hintergrund kennen, um die Versammlungen souverän bestreiten zu können.

3.3.3.1 Einberufung der Eigentümerversammlung

Die *ordentliche* Eigentümerversammlung wird nach § 24 Abs. 1 WEG mindestens einmal jährlich vom Verwalter einberufen.

Unter besonderen Umständen kann es sein, dass der Verwalter auch eine oder gar mehrere *außerordentliche* Eigentümerversammlungen im Wirtschaftsjahr einberufen muss. Gründe hierfür können darin liegen, dass Sonderumlagen beschlossen werden müssen, höhere Hausgeldausfälle zu beklagen sind, vertragliche Änderungen anliegen (wozu der Verwalter in seinem Verwaltervertrag eventuell keine Ermächtigung erhalten hat) etc.

Beruft ein Verwalter nach objektiven Maßstäben eine außerordentliche Versammlung unnötig ein, hat er möglicherweise Schadensersatz in Höhe der entstandenen Kosten zu leisten.

Kapitel 3

Eine Versammlung ist darüber hinaus einzuberufen, wenn dies eine Vereinbarung der Eigentümer für bestimmte Fälle vorsieht oder wenn mehr als ein Viertel der Eigentümer schriftlich unter Angabe des Zwecks und der Gründe die Einberufung einer Versammlung verlangt (§ 24 Abs. 2 WEG). Dieses übersteigende Viertel der Eigentümer (= Minderheitenquorum) ist nach dem gesetzlichen Kopfprinzip des WEG zu berechnen.

(1) Form und Frist der Einberufung

Vor dem Schuldrechtsreformgesetz vom 1.1.2001 hatte die Einberufung zur Versammlung schriftlich zu erfolgen. Um formell ordnungsmäßig zu sein, musste grundsätzlich eine eigenhändige Unterschrift des Verwalters vorhanden sein. Nach § 24 Abs. 4 Nr. 1 WEG wurde die Schriftform durch die Textform ersetzt.

Die Textform wird in § 126 Abs. 1 BGB geregelt. Danach muss die Erklärung in einer Urkunde oder in einer anderen auf dauerhafte Wiedergabe in Schriftzeichen geeigneter Weise abgegeben werden. Die Person des Erklärenden muss genannt werden. Eine Unterschrift muss der Text, abweichend von der früheren Rechtslage, nicht mehr ausweisen. Es genügt also auch die Übersendung einer Kopie. Ein Fax oder E-Mail genügt nur dann, wenn der Empfänger durch Mitteilung seiner Faxnummer oder E-Mail-Adresse oder in sonstiger Weise zu erkennen gegeben hat, dass er mit einer solchen Übermittlung einverstanden ist.

Diesen Fortschritt, eingehend mit erheblichen Kosteneinsparungsmöglichkeiten sollte der Verwalter nach Kräften nutzen. Es kann hierbei beispielsweise an den E-Mail-Versand von Einberufungen, Abrechnungen und letztlich Versammlungsprotokollen gedacht werden.

Im Inhalt des Einladungsschreibens ist anzugeben: Ort, Zeitpunkt und Tagesordnung. Vollmachtsformulare sollten zweckmäßigerweise als Anlage beigefügt werden.

Beigefügt werden können auch Informationen bzw. Berichte des Verwalters über diverse Sachverhalte sowie Beschlussantrags-Vorschläge.

Die Frist zur Einberufung soll nach § 24 Abs. 4 WEG mindestens zwei Wochen betragen. Dasselbe gilt auch für nachgeschobene Tagesordnungspunkte. Wobei dies im Streitfalle wohl eine richterliche Ermessensfrage wäre.

Ein Verstoß gegen diese Formvorschrift hat keine Nichtigkeit von Beschlussfassungen zur Folge, sondern führt lediglich zur Anfechtbarkeit. Eine erfolgreiche Anfechtung, und damit eine Ungültigkeit des

Beschlusses, hängt auch hier davon ab, ob die fehlende Textform oder die zu kurze Einladungsfrist der Grund für das Zustandekommen des Beschlusses war.

(2) Ort und Zeitpunkt der Versammlung

Die Versammlung soll nach übereinstimmender Rechtsprechung in der Nähe der Eigentumswohnanlage stattfinden.

Der Verwaltersitz oder der Wohnsitz von auswärtigen Kapitalanlegern spielt hierbei keine Rolle.

Zur Einsparung von Versammlungskosten soll es den Eigentümern auch für begrenzte Zeit zumutbar sein, gewisse Unbequemlichkeiten in Kauf zu nehmen. So wie eine Waschküche als Versammlungsort (OLG Düsseldorf, DWE 1993, 99).

Da die Eigentümerversammlungen nicht öffentlich sind, dürfen sie nicht in Gaststätten in Gegenwart anderer Gäste stattfinden. Es ist eine ungestörte Abhaltung der Versammlung unter Ausschluss Dritter notwendig.

Ein spontanes Zusammentreffen auch einer Mehrheit der Eigentümer stellt keine Versammlung dar. Dabei getroffene „Beschlüsse" bedürfen keiner Anfechtung, sie sind von vornherein nichtig (OLG Hamm, Beschl. vom 20.11.1989, 15 W 308/89).

Die ordentliche Eigentümerversammlung sollte möglichst in der ersten Jahreshälfte des Folgewirtschaftsjahres abgehalten werden.

(3) Tagesordnung

Zur Gültigkeit eines Beschlusses ist es nach § 23 Abs. 2 WEG erforderlich, dass der Beschlussgegenstand bei der Einberufung bzw. im Einladungsschreiben bezeichnet wird.

Der Gegenstand der beabsichtigten Beschlussfassung ist dabei so anzugeben, dass die Eigentümer weitestgehend vor Überraschungen geschützt sind und es ihnen ermöglicht wird, sich entsprechend vorzubereiten und schließlich auch Überlegungen anstellen können, ob ihre Teilnahme an der Versammlung angebracht ist oder nicht.

Erforderlich ist jede Angabe, die erkennen lässt, über was beraten und beschlossen werden soll.

Nähere Einzelheiten des Beschlussgegenstandes muss das Einladungsschreiben nach übereinstimmender Rechtsprechung jedoch nicht enthalten.

Ein Verstoß gegen diese Vorschrift führt nicht zur Nichtigkeit, sondern berechtigt nur zur Anfechtung, auf diese folgt jedoch dann eine Ungültigerklärung des Beschlusses durch das Gericht. Dasselbe gilt beim Tagesordnungspunkt *Sonstiges* (bzw. *Verschiedenes, Diverses*). Dazu das BayObLG mit Beschluss vom 8.4.2004 (Az. 2Z BR 233/03):

„Ein Eigentümerbeschluss, der unter dem Tagesordnungspunkt *Sonstiges* gefasst wird, und nicht nur eine unbedeutende Angelegenheit regelt, ist auf rechtzeitige Anfechtung allein deswegen für ungültig zu erklären".

Das OLG Düsseldorf konkretisiert die Beschlüsse mit untergeordneter Bedeutung dahingehend, dass damit jeder Eigentümer vernünftigerweise noch rechnen durfte (ZMR 1997, 91).

Aufgrund des Haftungsrisikos sollte der Verwalter grundsätzlich keine Beschlüsse unter *Sonstiges* fassen, da er kaum abschließend bewerten kann, wie das Gericht den jeweiligen Einzelfall betrachten würde.

Es ist Sache des Verwalters, die Tagesordnung aufzustellen. Eine Abstimmung mit dem Beirat ist zweckmäßig. Jedoch hat der Beirat keine Kompetenzen, darüber zu entscheiden, welche Punkte aufgenommen werden und welche nicht.

Anregungen der anderen Eigentümer sollten auch berücksichtigt werden.

Das BayObLG führt dazu aus: Der einzelne Wohnungseigentümer kann im Rahmen seines Anspruchs auf ordnungsgemäße Verwaltung nach § 21 Abs. 4 WEG verlangen, dass ein bestimmter Punkt auf die Tagesordnung gesetzt wird, wenn sachliche Gründe dafür vorliegen, ihn auf einer Versammlung zu erörtern und zum Gegenstand einer Abstimmung zu machen (BayObLG ZMR 2001, 991).

Eine Ablehnung kann aus übergeordneten Gemeinschaftsinteressen oder aus rechtlichen Gründen gerechtfertigt sein.

(4) Versammlungsvorsitz und Versammlungsablauf

Gemäß § 24 Abs. 5 WEG führt der Verwalter den Vorsitz in der Versammlung, außer die Versammlung wählt mit Mehrheit einen anderen Vorsitzenden. Eine solche Wahl des Vorsitzenden muss nicht als Gegenstand der Beschlussfassung bei der Einberufung der Versammlung aufgeführt werden.

Der Vorsitzende hat die Aufgabe, die Versammlung zu leiten und die Annahme oder Ablehnung von Beschlüssen festzustellen.

Im Einzelfall kann es angebracht sein, eine Geschäftsordnung mit bestimmten Ablaufregularien aufzustellen, wie bei sehr großen Gemeinschaften oder bei als sehr schwierig geltenden Eigentümern.
Hier kann unter anderem eine allgemeine Redezeitbegrenzung beschlossen werden. Das OLG Stuttgart hat eine solche Regelung für grundsätzlich zulässig betrachtet (Beschl. vom 30.4.1986, 8 W 531/85).
Abstimmungsmodalitäten können in diesem Zusammenhang auch vereinbart werden, so dass bei manchen Punkten eine geheime statt einer offenen Wahl stattfindet. Bei der Wahl zum Verwaltungsbeirat wird so mancher Verwalter überrascht, wenn die Eigentümer hier eine geheime Wahl wünschen. Der Grund liegt auf der Hand: Dem Miteigentümer und vielleicht sogar Nachbarn seine Stimme nicht zu geben, kann zwischenmenschliche Probleme bereiten. Der Verwalter muss darauf vorbereitet sein und ggf. Stimmkarten in seinen Unterlagen stets parat haben.

(5) Feststellung und Bekanntgabe des Beschlussergebnisses

Am 23.8.2001 erließ der BGH einen Beschluss mit weitreichenden Konsequenzen, in dem es vor allem um die Feststellungskompetenz des Versammlungsvorsitzenden, also üblicherweise dem Verwalter geht.
Versammlungsleiter haben nun nach Abstimmung und Stimmenauszählung auch das rechtliche Beschlussergebnis festzustellen und zu verkünden. Es kann ersatzweise eine gerichtliche Feststellung beantragt werden.
Die Bekanntgabe des Ergebnisses hat für Beschlüsse eine konstitutive Bedeutung. Dies ist nun eine notwendige Voraussetzung für das rechtswirksame Zustandekommen eines Eigentümerbeschlusses.
Von der Existenz eines schriftlichen Umlaufbeschlusses nach § 23 WEG ist erst nach Feststellung und Mitteilung des Beschlussergebnisses an alle Eigentümer auszugehen.
Ein mehrheitlich abgelehnter Beschlussantrag wird als Negativbeschluss bezeichnet. Dieser kann von der überstimmten Minderheit angefochten werden. Wird nicht angefochten, führt eine weitere Abstimmung über denselben Beschlussantrag zu einem Zweitbeschluss. Eine etwaige Missachtung schutzwürdiger Belange aus dem Erstbeschluss wird jedoch je nach Einzelfall vom Gericht geprüft.

(6) Niederschrift

Die in einer Eigentümerversammlung gefassten Beschlüsse sind nach § 24 Abs. 6 WEG in einer Niederschrift aufzunehmen. Formvorschriften gibt es hierzu keine, so dass es freigestellt ist, ob die Niederschrift als Beschlussprotokoll (Mindestanforderung) oder als Ablaufprotokoll unter Wiedergabe der inhaltlichen Diskussion anzufertigen ist. Auch bei letzterem ist eine subjektive Wertung fehl am Platz.

Das Beschlussprotokoll ist auf jeden Fall zu empfehlen, da es weniger Fehlerquellen und Angriffsflächen mit sich bringt sowie das Wesentliche auf den Punkt bringt.

Damit die Beschlüsse später noch nachgeprüft werden können, sind folgende Mindestangaben erforderlich:
- Ort und Tag,
- Vorsitzender der Versammlung,
- Angabe und Feststellung der ordnungsgemäßen Einladung,
- Teilnehmer (Teilnehmerliste und Vollmachten sind sinnvollerweise beim Originalprotokoll aufzubewahren),
- Feststellung der Beschlussfähigkeit,
- kurze Inhaltsangabe der einzelnen Tagesordnungspunkte und genaue Formulierung der Beschlusstexte,
- Ergebnisse der Beschlussfassungen unter Angabe von Ja- und Nein-Stimmen sowie Enthaltungen,
- bei Abstimmungen über die Vornahme baulicher Veränderungen unter Kostenbefreiung einzelner Eigentümer nach § 16 Abs. 6 WEG, sollten die Namen der jeweiligen Eigentümer stets festgehalten werden.

Zu unterzeichnen ist die Niederschrift von dem Versammlungsvorsitzenden (also im Regelfall vom Verwalter), einem Eigentümer und auch vom Vorsitzenden des Beirats bzw. dessen Stellvertreter.

Ob die fehlende Unterschrift eines Eigentümers oder des Beiratsvorsitzenden als formeller Mangel im Falle der Beschlussanfechtung zu einer Ungültigkeit des Beschlusses führt, ist umstritten.

Es ist wohl nicht unbedingt davon auszugehen. Falls die Unterschriften jedoch in der Gemeinschaftsordnung ausdrücklich gefordert sind, kann eine Ungültigkeitserklärung möglich sein (so zumindest OLG Oldenburg, Beschl. vom 16.3.1984, anderer Ansicht ist das KG Berlin, Beschl. vom 18.8.1993 – vom BGH wurde wegen Antragsrücknahme jedoch nicht entschieden).

(7) Beschluss-Sammlung

Der Verwalter hat seit dem 1.7.2007 eine Beschluss-Sammlung zu führen (§ 24 Abs. 7 WEG). Vor allem möglichen Käufern von Wohnungseigentum soll damit ermöglicht werden, sich vor dem Erwerb umfassend über die derzeitige Beschlusslage zu informieren. Schließlich werden Beschlüsse regelmäßig nicht in das Grundbuch eingetragen, sind jedoch auch für den Käufer bindend. Die Beschlüsse sind hier mit Angabe von Ort und Datum der Versammlung fortlaufend einzutragen und zu nummerieren. Schriftliche Beschlüsse ebenso, hier mit dem Datum der Verkündung. Auch gehören Urteilsformeln von gerichtlichen Entscheidungen in die Beschluss-Sammlung. Falls ein Beschluss angefochten oder gar aufgehoben wurde, ist dies auch zu vermerken.

Das äußere Erscheinungsbild wird vom Gesetzgeber nicht vorgeschrieben. Eine möglichst übersichtliche Tabellenform ist vom Verwalter anzulegen, häufig bietet hier auch die Branchensoftware entsprechende Vorlagen. Gängige Formate wären für die Branche wünschenswert, da sonst bei einem Verwalterwechsel Datenübertragungsprobleme entstehen.

Beachtenswert ist, dass die Eintragungen unverzüglich und mit Datum versehen aufzunehmen sind. Bei einem Verstoß liegt ausdrücklich ein wichtiger Grund für die Verwalterabberufung vor (§ 26 Abs. 1 WEG).

(8) Einsichtsrecht und Übersendung

Damit sich jeder Eigentümer über die Beschlussfassungen informieren kann, kann nach § 24 Abs. 6 WEG die Niederschrift eingesehen werden. Dieses *Einsichtsrecht* kann im Büro des Verwalters zu den üblichen Bürozeiten wahrgenommen werden.

Auf Dritte ist das Einsichtsrecht übertragbar, also können auch Mieter oder Kaufinteressenten zur Einsichtnahme bevollmächtigt werden. Gegen Kostenerstattung kann auch die Aushändigung von Kopien verlangt werden.

Der Verwalter ist keineswegs gesetzlich verpflichtet, den Eigentümern eine Ausfertigung der Niederschrift zu übersenden – zudem noch innerhalb einer bestimmten Frist.

Eine diesbezügliche Regelung im Verwaltervertrag in dieser Hinsicht ist jedoch zweckmäßig. Dann ist die Zusendung der Niederschrift bis spätestens eine Woche vor Ablauf der einmonatigen Anfechtungsfrist vorzunehmen (BayObLG, Beschl. vom 5.4.1990, 2 Z 30/90).

3.3.3.2 Beschlussfähigkeit und Beschlussfassung

(1) Erstversammlung

Eine Eigentümerversammlung ist nach § 25 Abs. 3 WEG nur dann beschlussfähig, wenn die erschienenen stimmberechtigten Eigentümer mehr als die Hälfte der Miteigentumsanteile vertreten. Es muss also das sogenannte Quorum erreicht werden (die Anzahl der Mitglieder eines Organs, deren Anwesenheit oder Teilnahme bei oder an einer Abstimmung zu deren Gültigkeit erforderlich ist).

Berechnungsgrundlage für die Beschlussfähigkeit sind die je Eigentümer im Grundbuch eingetragenen Miteigentumsanteile. Hier zählen auch die Miteigentumsanteile der Eigentümer mit, welche durch Vollmacht in der Versammlung vertreten sind.

Stimmenthaltungen berühren die Beschlussfähigkeit als solche nicht. Wenn allerdings ein Eigentümer den Raum verlässt (weil er sich vielleicht bei dem aktuellen Tagesordnungspunkt ohnehin enthalten will), so berührt dies die Beschlussfähigkeit. Das kann, falls es auf diese Miteigentumsanteile ankommt, die Beschlussunfähigkeit der Versammlung herbeiführen.

Sollten vom Stimmrecht ausgeschlossene Eigentümer über mindestens die Hälfte aller Miteigentumsanteile verfügen, so ist in diesem Fall eine Beschlussfähigkeit in Abweichung vom Wortlaut des § 25 Abs. 3 WEG zu bejahen. Die Einberufung einer zweiten Versammlung, bei der dann nach § 25 Abs. 4 WEG eine Beschlussfähigkeit ohne Rücksicht auf die vertretenen Anteile gegeben wäre, betrachtet die Rechtsprechung als eine nutzlose Formalität (u.a. KG Berlin, Beschl. vom 10.11.1993, 6075/92).

Die Beschlussfähigkeit muss nicht nur zum Versammlungsbeginn gegeben sein, sondern bei jeder Beschlussfassung. Im Verlaufe der Versammlung muss der Verwalter daher beim Verlassen verschiedener Eigentümer im Zweifelsfalle die Beschlussfähigkeit erneut feststellen.

Eine fehlende Beschlussfähigkeit führt jedoch nicht zur Nichtigkeit der Beschlüsse. Diese sind grundsätzlich rechtswirksam, wenn sie nicht angefochten und vom Gericht für ungültig erklärt werden.

Dasselbe gilt für einen Mehrheitseigentümer, welcher durch sein Fernbleiben bewusst die Beschlussunfähigkeit herbeigeführt hat.

Für ihn ist hier nach Treu und Glauben nach § 242 BGB eine Anfechtung nicht zulässig (KG Berlin, Beschl. vom 12.7.1985, 24 W 288/85).

(2) Zweitversammlung

Ist eine Versammlung nach § 25 Abs. 3 WEG nicht beschlussfähig, weil nicht mehr als die Hälfte der Miteigentumsanteile erreicht worden ist, so beruft der Verwalter nach § 25 Abs. 4 WEG eine neue Versammlung mit der gleichen Tagesordnung ein.

Als Mindestfrist für die Einladung gelten wiederum zwei Wochen.

Diese Zweitversammlung bzw. Wiederholungsversammlung ist dann beschlussfähig, unabhängig von der Höhe der vertretenen Miteigentumsanteile. Darauf ist jedoch vom Verwalter hinzuweisen. Wenn das nicht geschieht, liegt ein Einberufungsmangel vor, welcher zur Beschlussanfechtung berechtigt – jedoch nur, falls wirklich weniger als die Hälfte der Miteigentumsanteile vertreten ist.

(3) Eventualeinberufung

Die oben angeführte Beschlussunfähigkeit ist für die Anwesenden recht frustrierend, zudem zeit- und kostenaufwendig. In neueren Teilungserklärungen sollte daher die so genannte *Eventualeinberufung* enthalten sein. Der Verwalter wird dann gleichzeitig mit der Einladung zur Erstversammlung die Einladung zu einer Zweitversammlung aussprechen. Diese Einladung hat dann die gleiche Tagesordnung, am gleichen Tag und Ort, lediglich der Zeitpunkt ist eine halbe Stunde später.

Seit dem BGH-Beschluss vom 20.9.2000 genügt ein unangefochtener Mehrheitsbeschluss hierfür nicht mehr (vereinbarungsändernd = nichtig).

(4) Beschlussfassung

Über die Art der Abstimmung (mündlich, schriftlich, geheim oder offen) entscheiden die Eigentümer in der Versammlung mehrheitlich, sofern nicht bereits eine Regelung in der Gemeinschaftsordnung vorhanden ist oder nachträglich eine ebenfalls mehrheitlich zu beschließende Geschäftsordnung für die Versammlung getroffen wurde.

Ansonsten entscheidet der Versammlungsvorsitzende, also im Regelfall der Verwalter, wie abgestimmt und das Stimmergebnis ermittelt wird.

Zum Beschlussgegenstand ist der Beschlussantrag so zu formulieren, dass er mit Ja oder Nein zu beantworten ist. Der Beschlussantrag soll positiv gestellt werden, damit Missverständnisse vermieden werden.

(5) Einstimmiger bzw. allstimmiger Beschluss

Ein einstimmiger Beschluss liegt vor, wenn alle in der Versammlung vertretenen Stimmen sich für den Beschlussantrag aussprechen.

Von einem allstimmigen Beschluss spricht man, wenn alle im Grundbuch eingetragenen Eigentümer für einen bestimmten Beschlussantrag stimmen.

Die Abgrenzung zur Vereinbarung ist häufig problematisch.

Eine Vereinbarung nach § 10 Abs. 3 WEG kommt durch Zustimmung aller Miteigentümer zustande. Sie kann sowohl mündlich als auch schriftlich abgeschlossen werden, auch außerhalb einer Eigentümerversammlung. Im Unterschied zum Beschluss wirkt sie jedoch nur unter den Eigentümern, welche ihr zugestimmt haben. Gegenüber Rechtsnachfolgern hat sie nur dann eine Rechtswirkung, wenn sie in das Grundbuch eingetragen wird.

Ein allstimmiger Beschluss ist vor allem bei baulichen Veränderungen nach § 22 Abs. 1 WEG notwendig, jedoch nur dann, wenn alle Eigentümer nachteilig durch diese Maßnahme betroffen sind und kein Fall des § 22 Abs. 1 Satz 2 WEG vorliegt (*„Die Zustimmung eines Wohnungseigentümers zu solchen Maßnahmen ist nicht erforderlich, als durch die Veränderung dessen Rechte nicht über das in § 14 Nr. 1 bestimmte Maß hinaus beeinträchtigt werden"*).

(6) Mehrstimmiger Beschluss

Bei den normalen Angelegenheiten der laufenden Verwaltung genügt ein einfacher Mehrheitsbeschluss.

Als Mehrheit gilt dabei die Anzahl der nach Kopfzahl und durch Vollmacht vertretenen Eigentümer, außer die Gemeinschaftsordnung bestimmt ausdrücklich etwas anderes.

Für bestimmte Angelegenheiten kann die Gemeinschaftsordnung auch eine qualifizierte Mehrheit vorschreiben, das wäre im Regelfall eine 3/4- oder 2/3-Mehrheit. Als Bezugsgröße kann die Zahl der im Grundbuch eingetragenen oder in der Versammlung anwesenden bzw. vertretenen Eigentümer sein. Die entsprechende Vereinbarung sollte eindeutig sein, damit es keine Auslegungsprobleme gibt.

Zu den Angelegenheiten, bei denen mit einfacher Mehrheit beschlossen wird, gehören Maßnahmen der ordnungsgemäßen Verwaltung nach § 21 Abs. 3 WEG, insbesondere § 21 Abs. 5 WEG:

- Aufstellung eines Wirtschaftsplanes,
- Ansammlung einer angemessenen Instandhaltungsrückstellung,
- Aufstellung einer Hausordnung,
- ordnungsgemäße Instandhaltung und Instandsetzung des gemeinschaftlichen Eigentums,
- Feuer- und Gebäudehaftpflichtversicherung,
- Duldung aller Maßnahmen, die zur Herstellung einer Fernsprechteilnehmereinrichtung, einer Rundfunkempfangsanlage oder eines Energieversorgungsanschlusses zu Gunsten eines Eigentümers erforderlich sind.

Ferner können mit einfacher Mehrheit beschlossen werden:
- Gebrauchsregelungen gemäß § 15 Abs. 2 WEG,
- Bestellung und Abberufung eines Verwalters sowie vorzeitige Abberufung aus wichtigem Grund gemäß § 26 Abs. 1 WEG,
- Vorlage des Wirtschaftsplans, der Abrechnung und der Rechnungslegung nach § 28 Abs. 5 WEG,
- Bestellung eines Verwaltungsbeirats nach § 29 Abs. 1 WEG.

Doppelt qualifizierte Beschlüsse sind seit der WEG-Novelle, also seit dem 1.7.2007 zu beachten. Für Beschlüsse nach § 16 Abs. 4 (Kostenverteilung bei Instandhaltung oder Instandsetzung und baulichen Veränderungen bzw. Aufwendungen) und § 22 Abs. 2 WEG (bestimmte Maßnahmen zur Modernisierung oder Anpassung an den Stand der Technik) muss zum einen eine qualifizierte Mehrheit von drei Viertel aller stimmberechtigten Eigentümer (Kopfprinzip) mit Ja gestimmt haben. Zum anderen sind mehr als die Hälfte aller Miteigentumsanteile notwendig (Wertprinzip).

(7) **Schriftliche Beschlussfassung**

Die Beschlussfassung kann nach § 23 Abs. 3 WEG auch auf schriftlichem Weg erfolgen. Voraussetzung dafür ist jedoch, dass alle Eigentümer einem solchen Beschluss, auch *Umlaufbeschluss* genannt, zugestimmt haben.

Die allstimmige Zustimmung ist in jedem Fall erforderlich, auch für Angelegenheiten, bei denen normalerweise ein Mehrheitsbeschluss ausreicht. Diese Vorschrift ist unabdingbar, eine gegenteilige Vereinbarung kann nicht getroffen werden.

Naheliegenderweise kommt diese Art der Beschlussfassung nur für kleinere Gemeinschaften in Frage.

Kapitel 3

Die Initiative zur schriftlichen Abstimmung kann vom Verwalter, aber auch von einem Eigentümer ausgehen. Der Verwalter kann hier außen vor gelassen werden, was gerade bei einer Ab- bzw. Neuwahl dann praktiziert werden kann.

3.3.3.3 Stimmrecht

(1) Grundlagen des Stimmrechts

Zunächst gilt beim Stimmrecht die Vorschrift des § 25 Abs. 2 WEG, wonach jeder Eigentümer eine Stimme hat. Dies unabhängig von der Höhe der Miteigentumsanteile und auch davon, wieviel Wohnungen der Eigentümer hat.

Es gilt also grundsätzlich das Kopfprinzip. Auch dann, wenn ein Wohnungseigentum mehreren Eigentümern gemeinschaftlich zusteht.

Das gesetzlich vorgesehene Kopfprinzip ist eine abdingbare Regelung. So wird in der Teilungserklärung oft das Stimmrecht nach der Höhe der Miteigentumsanteile (Anteils- bzw. Wertprinzip) oder der Zahl der Wohnungen (Objektprinzip) festgelegt.

Wenn von der gesetzlichen Regelung abgewichen wird, dann meist mit dem Gedanken, dass die höhere Vermögensbeteiligung eines Mehrfacheigentümers einen größeren Einfluss rechtfertigt.

Im Einzelfall ist daher zu prüfen, ob ein Mehrfach-Stimmrecht rechtsmissbräuchlich ausgeübt wird. Wenn es den Anschein hat, dann kann der Beschluss angefochten werden. Das Gericht wird dann darüber befinden. Das ist notwendig, da keinesfalls von vornherein eine Nichtigkeit vorliegt.

Eine rechtsmissbräuchliche Stimmrechtsausübung liegt unter anderem dann vor, wenn der Bauträger als Mehrfacheigentümer einen ihm nahestehenden Verwalter einsetzt, dessen fachliche Eignung nicht gegeben ist.

(2) Stimmrechtsvertretung

Grundsätzlich darf sich ein Eigentümer nach § 166 Abs. 2 BGB durch jeden Dritten (meist Ehegatte, Mieter oder Rechtsanwalt) in der Ausübung seines Stimmrechts und damit in der Teilnahme an der Eigentümerversammlung vertreten lassen.

Allerdings kann dieses Recht durch eine entsprechende Vereinbarung in der Gemeinschaftsordnung eingeschränkt werden. Eine solche Vertretungsklausel bzw. Vertretungsbeschränkung betrifft dabei grundsätzlich jede aktive Beteiligung von nicht vertretungsberechtigten Dritten (BGH, Beschl. vom 29.1.1993, V ZB 24/92).

Im Normalfall beschränkt die Vertretungsklausel den Personenkreis auf Miteigentümer, Ehegatten/Angehörige und Verwalter.

Damit ist es auch einem Beistand oder anderen Beratern grundsätzlich nicht erlaubt, in der Versammlung Anträge zu stellen oder Erklärungen abzugeben.

Lediglich dort, wo eine solche Regelung zu einer *unzumutbaren Benachteiligung* der Betroffenen führt, ist eine solche Vereinbarung gegenstandslos. Gründe für ein berechtigtes Interesse eines Eigentümers könnten sein: psychische oder physische Handlungsunfähigkeit des Betroffenen, das hohe Alter eines Eigentümers, Schwierigkeitsgrad des Sachverhalts.

Wird die Anwesenheit eines Beraters durch einen Mehrheitsbeschluss von den anwesenden Eigentümern abgelehnt, so steht dem betroffenen Eigentümer der Weg der Beschlussanfechtung offen.

3.4 Rücklagenbildung

§ 21 Abs. 5 Nr. 4 WEG bestimmt, dass die Ansammlung einer angemessenen Instandhaltungsrückstellung zu einer ordnungsgemäßen, dem Interesse der Gesamtheit der Wohnungseigentümer entsprechenden Verwaltung gehört.

Nicht zuletzt deswegen ist die Bildung einer separaten Rückstellung von Anfang an zu empfehlen.

Im Gesetzestext heißt es zwar Instandhaltungs*rückstellung*, gemeint ist jedoch keine Rückstellung im bilanz- bzw. handelsrechtlichem Sinne. Daher spricht man meist von der Instandhaltungs*rücklage*.

Die Ausgaben der Gemeinschaft für diese Rücklage sind in der Jahresabrechnung auf der Ausgabenseite darzustellen.

Die Rücklagenbildung vollzieht sich buchhalterisch dadurch, dass der Verwalter den Zuführungsbetrag gemäß Wirtschaftsplan in der Jahresabrechnung wie eine Kostenposition verbucht (Buchungssatz: Konto Rücklagenzuführung an Konto Instandhaltungsrücklage). Diese Sollverbuchung kann als herrschende Rechtsmeinung betrachtet werden (BayObLG, Beschluss vom 13.6.2000, 2Z BR 175/99).

Die ältere Auffassung, dass die Rücklage zwingend aus Kontenguthaben zu bestehen habe und die Rücklagenzuführung durch eine Überweisung vom Giro- auf ein Anlagekonto vonstatten geht, ist abzulehnen. Diese Vorgehensweise bringt der Eigentümergemeinschaft Nachteile durch Zinseffekte. Der Verwalter kann dafür haftbar gemacht werden. Zudem ist die Banktransaktion in jedem Falle aufwendiger als die Sollverbuchung und spricht nicht für eine professionelle Arbeitsweise der Verwaltung.

In der Abrechnung sollte der ideelle Anteil eines Eigentümers am Rückstellungsvermögen ausgewiesen werden. Damit kann er im Veräußerungsfall diese Vermögenswerte als Verkaufsargumente heranziehen.

Die Höhe der Rücklagenbildung bzw. -zuführung liegt letztlich bei der Gemeinschaft selbst. Die zu bildende Rückstellung sollte *angemessen* sein. Dies hängt letztlich vom Einzelfall ab. Mittelfristig zu erwartende größere Maßnahmen sind insbesondere zu berücksichtigen.

Wenn in der Gemeinschaftsordnung ein bestimmter Zahlungsbetrag festgelegt wurde, so sollte dieser auch für die ersten Jahre beibehalten werden. Später kann mit Mehrheitsbeschluss eine Reduzierung oder Erhöhung der Zuführung zur Rücklage festgelegt werden.

Wer sich an Richtsätzen für eine angemessen hohe Rücklage orientieren will:

- § 28 der II. BV (unmittelbare Geltung nur für Mietwohnungen mit öffentlich geförderten Geldern). Kritisch ist hier die zu starre und statische Betrachtung, es betrifft auch Instandhaltungskosten im Sondereigentum.
- Peter'sche Formel. Sie geht davon aus, dass im Laufe von geschätzten 80 Jahren Lebensdauer eines Gebäudes Instandhaltungskosten in Höhe des 1,5-fachen der Herstellkosten anfallen, hiervon je nach Ausstattung 65-70 % das Gemeinschaftseigentum betreffend. Bei Baukosten in Höhe von 2.000 EUR/qm Wohnfläche und einem Anteil von 70 % Gemeinschaftseigentum, würde sich die Rücklagenzuführung nach der Peter'schen Formel wie folgt ergeben:

$$\frac{2.000 \times 1,5 \times 70}{80 \times 100} = 26,25 \text{ EUR/qm jährlich}$$

- Kalkulationsprogramm: Hier soll eine einzelfallbezogene und angemessene Zuweisung zur Rücklage ermittelt werden.

Literaturempfehlungen
Volker Bielefeld, Der Wohnungseigentümer
Horst Müller, Praktische Fragen des Wohnungseigentums
Georg Jennißen, Die Verwalterabrechnung nach dem WEG

Kontrollfragen

1. Was ist der Unterschied zwischen einem einstimmigen und einem allstimmigen Beschluss? Nennen Sie ein Beispiel für einen allstimmigen Beschluss.
2. Wann sind Eigentümerversammlungen einzuberufen? Was versteht man unter einer Eventualeinberufung?
3. Was sind die zwingenden Inhalte der Jahresabrechnung?

4. Der WEG-Verwalter als Objektmanager

Lernziele

Nach dem Bearbeiten des folgenden Kapitels sollten Sie
- die Aufgaben und Befugnisse des WEG-Verwalters samt Rechtsgrundlagen kennen,
- den Vorgang einer Objektübernahme richtig beurteilen können,
- wissen, wie die Vergütungsstruktur beim WEG-Verwalter grundsätzlich aufgebaut ist und was die üblichen Sondervergütungen sind,
- darlegen können, was bei der Anlage von gemeinschaftlichen Geldern zu beachten ist.

Die meisten Eigentumswohnanlagen werden von professionellen Verwaltern betreut.

Im Regelfall werden nur kleine Häuser von einem Eigentümer selbst verwaltet. Die Funktion und Bedeutung des WEG-Verwalters wird häufig falsch eingeschätzt. Dessen Aufgaben, Befugnisse und Besonderheiten sollen nachfolgend betrachtet werden.

4.1 Aufgaben und Befugnisse des WEG-Verwalters

Die Rechtsgrundlagen zur Bestimmung der Rechte und Pflichten des WEG-Verwalters sind:
- Vorschriften des WEG,
- Regelungen der Teilungserklärung bzw. der Gemeinschaftsordnung (letztere ist im Regelfall Teil B bzw. Teil II der Teilungserklärung),
- Beschlüsse der Eigentümergemeinschaft,
- Vorschriften des BGB sowie
- Klauseln im Verwaltervertrag.

4.1.2 Aufgaben und Befugnisse gemäß WEG

Das WEG regelt die Aufgaben und Befugnisse des Verwalters vorrangig durch die Vorschriften des § 27 WEG.

Kapitel 4

(1) Durchführung der Beschlüsse sowie der Hausordnung

Der Verwalter ist berechtigt und verpflichtet: Beschlüsse der Wohnungseigentümer durchzuführen und für die Durchführung der Hausordnung zu sorgen (§ 27 Abs. 1 Nr. 1 WEG).

Dies gilt auch für die Durchführung fehlerhaft zustande gekommener Beschlüsse. Jedoch hat der Verwalter die Verpflichtung, die Eigentümer auf die mögliche Fehlerhaftigkeit von Beschlüssen und die daraus entstehende Anfechtungsmöglichkeit hinzuweisen. Setzt der Verwalter sich über die Beschlüsse hinweg oder führt sie nicht durch, kann das ein wichtiger Grund zur sofortigen Abberufung sein.

Beispiel für einen fehlerhaften Beschluss: Die Einladungsfrist wurde nicht eingehalten oder die Tagesordnung wurde nicht entsprechend bekanntgegeben.

(2) Durchführung der Instandhaltung und Instandsetzung

Der Verwalter ist berechtigt und verpflichtet: die für die ordnungsmäßige Instandhaltung und Instandsetzung des gemeinschaftlichen Eigentums erforderlichen Maßnahmen zu treffen (§ 27 Abs. 1 Nr. 1 WEG).

Wenn der Verwalter damit in Verzug gerät, so haftet er grundsätzlich gegenüber den Wohnungseigentümern für den sich daraus ergebenden Schaden (BayObLG, NJW-RR 1988, 599).

Eine Beschlussfassung der Eigentümer für Instandhaltungs- bzw. Instandsetzungsmaßnahmen ist zwar grundsätzlich notwendig, jedoch hat der Verwalter auf eine solche Beschlussfassung hinzuwirken und auf Problembereiche hinzuweisen wie den Ablauf von Gewährleistungsfristen, Baumängel und Schäden aller Art.

Der Verwalter ist verantwortlich für den gefahrlosen Zustand des gemeinschaftlichen Eigentums. Neben den Wohnungseigentümern ist auch der Verwalter für die Verkehrssicherungspflicht verantwortlich (vgl. Kapitel 12.5). Dies beinhaltet unter anderem die Streu- und Räumpflicht. Diese kann wiederum auf Dritte übertragen werden, beispielsweise auf einen Hausmeister. Eine Überwachungspflicht hat der Verwalter allerdings immer noch.

(3) Sonstige dringende Erhaltungsmaßnahmen

Der Verwalter ist berechtigt und verpflichtet: in dringenden Fällen sonstige zur Erhaltung des gemeinschaftlichen Eigentums erforderliche Maßnahmen zu treffen (§ 27 Abs. 1 Nr. 3 WEG).

Kapitel 4

Hier sind vor allem Maßnahmen gemeint, die über die ordnungsgemäße Instandhaltung bzw. Instandsetzung hinausgehen und die keinen Aufschub dulden. Entscheidend ist dabei, ob die Erhaltung des gemeinschaftlichen Eigentums gefährdet wäre, wenn der Verwalter erst eine Eigentümerversammlung einberuft. Vorstellbar wären hier Rohrbrüche, Brandgefahr, Sturmschäden oder Ölschäden bei der Tankbefüllung. Gerade bei einem Wasserschaden ist es oft erforderlich, in das Sondereigentum eines Eigentümers einzugreifen. Dazu ist der Verwalter auch ohne Duldung des Eigentümers ermächtigt. Bei Notfallmaßnahmen darf der Verwalter hier sogar Aufträge vergeben (BGHZ 67, 232).

(4) Lasten- und Kostenbeiträge, Tilgungsbeiträge, Hypothekenzinsen

Der Verwalter ist berechtigt und verpflichtet: Lasten- und Kostenbeiträge, Tilgungsbeiträge und Hypothekenzinsen anzufordern, in Empfang zu nehmen und abzuführen, soweit es sich um gemeinschaftliche Angelegenheiten der Wohnungseigentümer handelt (§ 27 Abs. 1 Nr. 4 WEG).

Da es nur um das gemeinschaftliche Eigentum geht, entfallen die Befugnisse des Verwalters, wenn es sich um Verpflichtungen handelt, die den einzelnen Wohnungseigentümer selbstständig treffen (z. B. Grundsteuern oder Verpflichtungen aus Hypotheken, die nur das jeweilige Wohnungseigentum belasten).

(5) Bewirkung und Entgegennahme von Zahlungen und Leistungen

Der Verwalter ist berechtigt und verpflichtet: alle Zahlungen und Leistungen zu bewirken und entgegenzunehmen, die mit der laufenden Verwaltung des gemeinschaftlichen Eigentums zusammenhängen (§ 27 Abs. 1 Nr. 5 WEG).

Hierzu gehört insbesondere:

- Vergabe von Aufträgen hinsichtlich Instandhaltungs- und Instandsetzungsmaßnahmen.
- Abnahme dieser Maßnahmen sowie die Vornahme der Rechnungsbegleichung, Fristensetzung gegenüber säumigen Handwerkern, Rüge eines Mangels.
- Entgegennahme von Zahlungen aus Hausgeldverpflichtungen.
- Zahlung sämtlicher Kosten, die mit der Verwaltung des Gemeinschaftseigentums zusammenhängen (Versicherungsbeiträge, Kosten der Energieversorgung, Hausmeisterlöhne etc.).

(6) Verwaltung eingenommener Gelder

Der Verwalter ist berechtigt und verpflichtet: eingenommene Gelder zu verwalten (§ 27 Abs. 1 Nr. 6 WEG).

Zu den eingenommenen Geldern zählen: eingezahlte Hausgelder, Instandhaltungsrückstellung, sonstige Einnahmen der Gemeinschaft (Einnahmen aus Vermietung und Verpachtung des gemeinschaftlichen Eigentums oder auch Zahlungen von Zigarettenautomatenaufstellern etc.).

Diese Gelder hat der Verwalter von seinem Vermögen gesondert zu halten. Gelder der Eigentümergemeinschaft dürfen also weder auf einem Eigenkonto des Verwalters noch auf Konten anderer Eigentümergemeinschaften gehalten werden.

Vor der Teilrechtsfähigkeit wurden Treuhand- oder Fremdkonten verwendet. Nun kann die Eigentümergemeinschaft Kontoinhaber sein, was deutlich unkomplizierter ist. Der Verwalter gilt hier als vertretungsberechtigtes Organ, Vollmachten müssen keine erteilt werden.

Gelder, die nicht für die laufende Verwaltungstätigkeit benötigt werden, sollten zu den marktüblichen Konditionen angelegt werden. Riskante Anlageformen dürfen nicht verwendet werden, der Verwalter macht sich sonst schadensersatzpflichtig. Gerade bei der Anlage der Instandhaltungsrücklage ist ein Kompromiss zu finden zwischen einer möglichst hohen Verzinsung und einer schnellen Verfügbarkeit der Gelder im Bedarfsfalle.

Das OLG Celle hat mit Beschluss vom 14.4.2004 folgende Entscheidung verkündet, mit welcher zusätzliche Pflichten für den Verwalter entstehen:

„Beschließt die Wohnungseigentümerversammlung eine ordnungsgemäßer Verwaltung nicht entsprechende Art der Anlage des als Instandhaltungsrücklage angesammelten Kapitalbetrages, so kann der Verwalter gleichwohl eine Mithaftung für den Verlust der Anlage treffen, wenn er das Verlustrisiko der speziellen Anlage hätte erkennen müssen und weder die Eigentümerversammlung auf das bestehende Risiko hingewiesen noch seine Mitwirkung von einem gesonderten Beschluss der Eigentümerversammlung über die speziellen Anlagen abhängig gemacht hat".

Der Verwalter muss sich demnach umfassend absichern, ob die von den Eigentümern vorgeschlagene Anlage nicht zu spekulativ bzw. riskant ist. Wenn er dieser Meinung ist, muss er den Hinweis mit in den Beschluss einbringen, dass die Gemeinschaft diese Geldanlage trotz des Risikos

wünscht. Ansonsten besteht eine Haftungsgefahr für den Verwalter. Im konkreten Fall ging es um eine Anlage mit angeblich 15% Verzinsung, bei der der Verwalter nach Ansicht des Gerichts die Ungereimtheiten dieser Geldanlage erkennen und sich näher hätte informieren müssen.
Siehe auch Kapitel 3.4 zur Rücklagenbildung.

(7) Entgegennahme von Willenserklärungen und Zustellungen

Der Verwalter ist berechtigt und verpflichtet: Willenserklärungen und Zustellungen entgegenzunehmen, soweit sie an alle Wohnungseigentümer in dieser Eigenschaft gerichtet sind (§ 27 Abs. 2 Nr. 1 WEG).

Dies betrifft vor allem:

- Entgegennahme von rechtsgeschäftlichen Erklärungen wie Kündigung von Hausmeisterverträgen oder Versicherungen.
- Entgegennahme von Zustellungen wie bei Zwangsversteigerungsverfahren, aber auch für Abgaben- und Gebührenbescheide.

Bei einem gerichtlichen Verfahren hat der Verwalter die Verpflichtung, die Eigentümer in geeigneter Weise zu unterrichten.

(8) Maßnahmen zur Fristenwahrung und Abwendung von Rechtsnachteilen

Der Verwalter ist berechtigt und verpflichtet: Maßnahmen zu treffen, die zur Wahrung einer Frist oder zur Abwendung eines sonstigen Rechtsnachteils erforderlich sind (§ 27 Abs. 2 Nr. 2 WEG).

Dies ist eine bedeutsame Regelung im Hinblick auf das Haftungsrisiko des Verwalters. Zu den erforderlichen Maßnahmen gehören unter anderem:

- Durchführung eines Beweissicherungsverfahrens oder anderer verjährungshemmender Maßnahmen sowie
- alle Vorkehrungen zur Fristwahrung (Kündigungsfristen, Rechtsmittelfristen, Verjährungsfristen, Gewährleistungsfristen usw.).

(9) Geltendmachung gerichtlicher und außergerichtlicher Ansprüche

Der Verwalter ist berechtigt und verpflichtet: Ansprüche gerichtlich und außergerichtlich geltend zu machen, sofern er hierzu durch Beschluss der Wohnungseigentümer ermächtigt ist (§ 27 Abs. 2 Nr. 3 WEG).

Die erforderliche Ermächtigung kann durch Mehrheitsbeschluss erfolgen. Es genügt auch eine Regelung im Verwaltervertrag oder generell durch die Teilungserklärung (u.a. OLG Zweibrücken, Beschluss vom 10.6.1987, 3 W 53/87).

Weitere Aufgaben und Befugnisse nach dem WEG:

- § 24 WEG: Einberufung, Vorsitz und Anfertigung der Niederschrift über Beschlüsse der Wohnungseigentümerversammlung,
- § 25 Abs. 4 WEG: Einberufung einer Wiederholungsversammlung bei Beschlussunfähigkeit der Erstversammlung,
- § 28 WEG: Aufstellung des Wirtschaftsplans, der Jahresabrechnung und Vornahme der Rechnungslegung und

4.1.3 Aufgaben und Befugnisse nach der Teilungserklärung

Hierzu zählen insbesondere, je nach Gestaltung der Teilungserklärung:

- Zustimmungserklärung bei Veräußerung und Vermietung von Wohnungs- und Teileigentum (zur Veräußerung: § 12 WEG),
- Zustimmungserklärung bei baulichen Veränderungen und
- Verfügungsbefugnis über gemeinschaftliche Gelder.

4.1.4 Aufgaben und Befugnisse nach dem Verwaltervertrag

Zwingende bzw. unabdingbare Aufgaben und Befugnisse nach dem WEG müssen nicht in einem Verwaltervertrag wiederholt werden. In gängigen Vertragsmustern ist es dennoch üblich, dass die wichtigsten WEG-Bestimmungen aufgeführt werden. Nicht zuletzt für die Eigentümerseite wird hier mehr Transparenz geschaffen.

Werden einzelne Pflichtaufgaben hier ausdrücklich ausgeklammert, so ist diese Klausel unwirksam. Falls Aufgabenbereiche nicht erwähnt werden, gilt stets ergänzend das WEG.

Von der Teilungserklärung abweichendes sollte hier nicht vereinbart werden. Es besteht dann ein Teil-Ungültigkeitsrisiko.

Darüber hinaus sind Regelungen üblich wie das Festlegen von Fristen zur Zusendung von Jahresabrechnungen, zur Einberufung von Eigentümerversammlungen, Sondervergütungen oder Versendung der Versammlungsprotokolle an die Eigentümer.

Auch können Beschränkungen der Verwalterbefugnisse durch den Verwaltungsbeirat vorgenommen werden. So muss dieser gelegentlich bei außerplanmäßigen Ausgaben ab einer bestimmten Höhe zustimmen, was allerdings wenig praktikabel ist. Auch kann hier auf die spezielle Situation der Wohnanlage eingegangen werden und entsprechende Regelungen getroffen werden.

4.2 Vergütung des WEG-Verwalters

Die Vergütungshöhe unterliegt der freien Vereinbarung der Beteiligten. Bei der reinen WEG-Verwaltung beträgt die Bandbreite von zum Teil unter 12 € bis hin zu über 27 € zzgl. MwSt. je Wohnung und Monat.

Für Garagen/Stellplätze werden zum Teil 2 € bis 3 € zzgl. MwSt. separat veranschlagt. Häufig streben Verwalter eine solche Vergütung nur dann an, wenn eine gesonderte Abrechnung für den Stellplatz erstellt werden muss.

4.2.1 Einflussfaktoren auf die Verwaltervergütung

- Größe des Verwaltungsobjekts: Je kleiner das Objekt, desto höher ist im Normalfall die Vergütung je Wohneinheit.
- Zustand bzw. Alter des Verwaltungsobjekts.
- Komplexität des Verwaltungsobjekts.
- Standort des Verwaltungsobjekts (hier ist nicht nur die Entfernung des Objektes zum Verwaltersitz gemeint, vielmehr besteht ein starkes Nord-Süd-Gefälle bei der Verwaltervergütung in Deutschland. So ist in Berlin nach einer repräsentativen Befragung die Vergütung ca. 33 % höher als in Bayern und Baden-Württemberg. In der Literatur findet sich hierfür keine schlüssige Begründung).
- Konfliktbeladenheit des Verwaltungsobjekts.
- Konkurrenzsituation vor Ort.

4.2.2 Zusatzvergütungen

Verwalterzusatzvergütungen (bzw. Sondervergütungen) sind oftmals konfliktträchtig. Mit der vertraglich vereinbarten Vergütung sind die Leistungen, welche nach dem Wohnungseigentumsgesetz zu erbringen sind, an sich abgegolten. Zusätzliche Vergütungen für weitere Leistungen können vereinbart werden. Das geschieht im Regelfall durch den Verwaltervertrag, aber auch durchaus im Nachhinein im Beschlusswege.

Übliche und zulässige Zusatzabsprachen sind beispielsweise:

(1) Außerordentliche Eigentümerversammlungen

Solche wie auch Fortsetzungs- bzw. Wiederholungsversammlungen, wenn sie nicht auf einem Verschulden des Verwalters beruhen: Die üblichen

Sondervergütungen betragen 150 € bis 300 € oder auch darüber hinaus, je nach Größe der Gemeinschaft und Organisationsaufwand.

(2) Mahngebühren für rückständige Hausgelder

Üblich sind 5 € bis 12 € je Mahnung.

(3) Mehraufwandsentgelt für Nicht-Teilnahme am Lastschrifteinzug

Die Eigentümergemeinschaft kann durch Mehrheitsbeschluss regeln, dass Eigentümer, die nicht am Lastschrifteinzugsverfahren teilnehmen, ein Mehraufwandsentgelt von 2,50 € pro Monat zu zahlen haben.

(4) Verwalterzustimmung

Eine Sondervergütung hierfür ist üblich, wenn in der Teilungserklärung eine Verwalterzustimmung beim Verkauf einer Wohnung gemäß § 12 WEG vorgesehen ist. Diese Veräußerungsbeschränkung kann nach § 12 Abs. 4 WEG mit einfacher Mehrheit aufgehoben werden.

(5) Kopie- und Portoaufwand

Falls ein Eigentümer Kopien aus den Verwaltungsunterlagen zugeschickt haben möchte, kann grundsätzlich ein Kostenerstattungsanspruch von 50 Cent zzgl. MwSt. pro Seite angesetzt werden. Dieser Kostenansatz ist heute nicht nur üblich, er findet in diversen gesetzlichen Regelungen seine Bestätigung. Beispielsweise im Gerichtsvollzieherkostengesetz liegen die Auslagen für die ersten 50 Seiten bei je 50 Cent, für jede weitere Seite 15 Cent.

(6) Sanierungsmaßnahmen

Wenn der Verwalter fachlich in der Lage ist, organisatorisch übernommene größere und aufwendige Sanierungsmaßnahmen zu handhaben. Vor allem Ausschreibungen, Erstellen von Leistungsverzeichnissen, Bauleitung und -überwachung und Abnahme der Bauleistung sind damit gemeint. Je nach Absprache als prozentuale Pauschale der Auftragssumme, Stundenhonorierung oder analog nach den Honorarsätzen der Honorarordnung für Architekten und Ingenieure (HOAI). Das Haftungsrisiko für den Verwalter ist dann jedoch erheblich höher.

Die Klausel in einem Verwaltervertrag, dass der Verwalter neben der Pauschalvergütung für die Auftragsvergabe je Auftragssumme ab 2.500 EUR 4,5% der Rechnungssumme, je Auftragssumme unter 2.500 EUR 8% der Rechnungssumme erhält, entspricht nicht ordnungsgemäßer Verwaltung

(BayObLG, Beschluss vom 26.9.2003, 2Z BR 25/03). Demnach sind Auftragsvergaben unter 2.500 EUR keine besonderen Verwalterleistungen. Zur Sondervergütung bei einer Vergabe über 2.500 EUR: Hier wird allein an den Wert eines Auftrages angeknüpft. Es sollte konkretisiert werden, was über den normalen Pflichtenkreis des Verwalters hinausgeht, um eine Zusatzgebühr zu rechtfertigen.

(7) Sondervergütung in Anlehnung an das Rechtsanwaltsvergütungsgesetz (RVG)

Bei gerichtlicher Geltendmachung von Ansprüchen der Eigentümergemeinschaft kann der Verwalter eine Sondervergütung auf der Berechnungsgrundlage der RVG vereinbaren (BGH, Beschluss vom 6.5.1993, V ZB 9/92).

(8) Sonderleistungen

Ein Stundenhonorar von 50 € bis 70 € zzgl. MwSt. dürfte als angemessen gelten, wenn der Verwalter dem Eigentümer die Mietnebenkostenabrechnung abnimmt oder sonstige Leistungen für sein Sondereigentum durchführt. Staffelungen werden teils vorgenommen, wie für den Azubi, Sachbearbeiter oder Geschäftsführer.

Ein durch Eigentümerbeschluss bewilligter Stundensatz von 130 EUR für den Geschäftsführer einer Verwaltungsgesellschaft ist zu hoch und widerspricht den Grundsätzen ordnungsgemäßer Verwaltung, so die durchaus nachvollziehbare Entscheidung des BayObLG vom 31.3.2004 (2Z BR 11/04).

4.2.3 Übernahme eines Objekts

Bei einer wohl nachhaltig nachlassenden Tendenz zur Neubautätigkeit insbesondere im Geschosswohnungsbau rückt die Akquisition von Bestandsimmobilien immer mehr in den Focus der Immobilienverwalter. Hier ist vom Verwalter teilweise eine erhebliche „Vergangenheitsbewältigung" vorzunehmen. Dem gegenüber kann es auch weniger arbeitsintensiv sein, sofern alle Versicherungs- und Wartungsverträge akzeptabel abgeschlossen sind, die Anlage sich in einem in jeglicher Hinsicht guten Zustand befindet.

Beim Neubau gilt es vom Verwalter Pionierarbeit zu leisten. Sämtliche Verträge sind abzuschließen, von bereits durchgeführten Maßnahmen des Bauträgers abgesehen. Von der Hausordnung bis zur Vertragsgestaltung mit dem Hausmeister ist hier ein weites Feld zu bearbeiten.

Kapitel 4

4.2.3.1 Vorgang der Objektübernahme

Der abberufene Verwalter ist grundsätzlich bis zur Beendigung seines Verwaltervertrages verpflichtet, sorgsam und ordnungsgemäß zu arbeiten. Allerdings enden nicht alle Verpflichtungen mit der Beendigung des Verwalterverhältnisses. Aus dem Verwalteramt ergeben sich noch Abwicklungs- und Nachwirkungspflichten. Diese sollen dem neuen Verwalter die ordnungsgemäße Fortsetzung der Verwaltung für die Eigentümergemeinschaft möglich machen.

(1) Informationspflichten

Eine Informationspflicht hat der frühere Verwalter auch ohne vorherige Aufforderung. Diese kann sich sogar zur Warnpflicht steigern. Er muss daher auf bestehende Mängel bzw. Risiken hinweisen.

Es besteht in diesem Zusammenhang eine generelle Auskunftspflicht. Daher muss der Verwalter neben der Herausgabe von Unterlagen und der Rechnungslegung auch Informationen erteilen. Bestehen hier Zweifel darüber, ob der Verwalter alle Unterlagen ausgehändigt hat, kann die Eigentümergemeinschaft von dem alten Verwalter eine eidesstattliche Versicherung nach § 260 BGB über die Vollständigkeit der übergebenen Unterlagen verlangen. Jedoch ist hier der Grundsatz der Zumutbarkeit zu beachten. In Angelegenheiten von geringer Bedeutung besteht eine solche Verpflichtung nicht (§ 259 BGB). Das gilt im Übrigen generell für den Umfang der Auskunfts- und Rechenschaftspflicht.

Eine spezielle Auskunftspflicht besteht hinsichtlich des § 13 Abs. 3 Nr. 3 und § 19 Abs. 1 Nr. 1 Schornsteinfegergesetz. Hier ist der Verwalter bei Feuerungsanlagen im Sondereigentum (z.B. Gasetagenheizungen) zur Auskunft verpflichtet, wenn Mängel festgestellt werden.

Die Rechenschaftspflicht auf Verlangen geht über die Auskunftspflicht hinaus. Diese generelle Regelung im Geschäftsbesorgungsverhältnis gilt auch im Verwalterverhältnis. Eine Verpflichtung zur Rechnungslegung besteht somit auch nach Beendigung des Verwalteramtes, aber nur durch Mehrheitsbeschluss der Eigentümergemeinschaft.

(2) Herausgabepflichten

Der Verwalter ist nach Beendigung seiner Tätigkeit grundsätzlich verpflichtet, alles, was er zur Ausübung des Auftrages erhalten hat und was er aus der Geschäftsbesorgung erlangt hat, herauszugeben (§ 667 BGB). Diese Verpflichtung besteht gegenüber der Eigentümergemeinschaft als Auftraggeber bzw. vertreten durch den neuen Verwalter.

Hierbei sind alle Originalunterlagen herauszugeben, die der ausgeschiedene Verwalter von seinem Vorgänger erhalten hat bzw. die während seiner Tätigkeit entstanden sind. Einschränkungen gibt es keine.

Ein früherer Eigentümer (Bauträger/Umwandler) *und* Verwalter ist verpflichtet, der Eigentümergemeinschaft gegen Kostenerstattung die Kopien von sämtlichen Bauunterlagen herauszugeben (u.a. OLG Hamm, Beschl. vom 29.10.1987, 15W 361/85).

Im Einzelnen wären vor allem herauszugeben:
- Teilungserklärung, Aufteilungsplan, Bauzeichnungen,
- Protokolle der Eigentümerversammlungen,
- Jahresgesamt- und Einzelabrechnungen, Wirtschaftspläne,
- Bankkontoauszüge,
- Rechnungen, Belege,
- Verträge, Urteile,
- Schließkarte, Schließplan, Schlüssel.

Ein Zurückbehaltungsrecht bei ungeklärten Zahlungsansprüchen steht dem Verwalter aufgrund des besonderen Treueverhältnisses in keinem Falle zu.

Ansonsten würde es zu dem unzumutbaren Ergebnis führen, dass der alte Verwalter Unterlagen bis zur endgültigen Klärung über einen längeren Zeitraum behalten könnte (LG Berlin vom 6.2.1991, 26 O 484/90).

Allerdings darf der abberufene Verwalter fällige Forderungen aus dem Verwaltervertrag mit den von ihm für die Eigentümergemeinschaft verwalteten Geldern aufrechnen.

Die Herausgabepflicht ist aus gutem Grund nicht nur auf die zur laufenden Verwaltung benötigten Unterlagen beschränkt. So ist auch ein abgelaufener Heizanlagenwartungsvertrag an die Gemeinschaft auszuhändigen, damit eine Vergleichsmöglichkeit mit neuen Verträgen besteht.

(3) Zeitpunkt und Ort der Übergabe

Häufig bestimmt der Verwaltervertrag, dass bei Beendigung des Vertragsverhältnisses sämtliche Unterlagen unverzüglich herauszugeben sind. Davon unabhängig besteht dazu bereits eine Verpflichtung nach § 271 Abs. 1 BGB.

Im Übrigen besteht auch bei der Rechnungslegung auf Anforderung keine konkrete Frist. Hier dürfte eine Frist von maximal einem Monat zumutbar sein.

Kapitel 4

Die Rechtsprechung nennt den Ort der Dienstleistung als grundsätzlichen Leistungsort für die Übergabe. Das entspricht auch der allgemeinen Regelung des § 269 Abs. 1 BGB. Danach ist der Sitz des Schuldners auch der Leistungsort für die Erbringung der Schuld.

Der alte Verwalter muss also lediglich die von ihm herauszugebenden Unterlagen zur Abholung in seinem Büro bereithalten. Keinesfalls ist er verpflichtet, die Unterlagen zum neuen Verwalter zu bringen, es sei denn, es wäre vertraglich so geregelt.

Im Streitfalle wäre nach allgemeinen Regeln das Gericht am Ort der Niederlassung des beklagten Verwalters zuständig (§ 31 ZPO). Hier jedoch ist das Gericht am Ort der Wohnungseigentumsanlage zuständig. Dieser Gerichtsstand dauert auch nach Beendigung der Verwaltung fort.

(4) Haftung des alten Verwalters

Grundsätzlich haftet der Verwalter, wenn er schuldhaft eine seiner Verpflichtungen verletzt hat und dadurch ein Schaden entstanden ist.

Wegen der bestehenden Nachwirkungspflicht ist der alte Verwalter noch dahingehend haftbar, falls er den neuen Verwalter nicht entsprechend informiert und die erforderlichen Unterlagen nicht herausgibt. Die Eigentümergemeinschaft kann dann Ansprüche im Wohnungseigentumsverfahren geltend machen.

(5) Pflichten des neuen Verwalters

Spezielle Verpflichtungen bei der Übernahme eines Verwaltungsobjekts sind gesetzlich nicht geregelt. Der neue Verwalter hat daher zu beachtende Pflichten aus dem allgemeinen Pflichtenkatalog abzuleiten. Das sind im Wesentlichen §§ 24, 25, 27, 28 WEG sowie Regelungen nach der Teilungserklärung und des Verwaltervertrages.

Der neue Verwalter haftet unmittelbar nach seiner Bestellung für eine ordnungsgemäße Erfüllung seiner Verpflichtungen. Eine Begehung der Wohnanlage sollte der Verwalter im eigenen Interesse baldmöglichst machen. Am besten zusammen mit dem Beirat. Instandsetzungsbedarf oder Probleme mit Verkehrssicherungspflichten werden aufgenommen.

Sollten Versicherungen fehlen, ist dem übernehmenden Verwalter dringend und unverzüglich zu empfehlen, vorläufige Deckungen für solche Risiken einzuholen. In der Praxis ist ab und zu die Situation anzutreffen, dass für die Tiefgarage kein Versicherungsschutz besteht, auch und gerade bei der Feuerversicherung.

Begründete Ansprüche hat der neue Verwalter durchzusetzen. Wenn er das unterlässt und Verjährung eintritt, haftet er für entsprechende Forderungsausfälle. So bei nicht geleisteten Hausgeldzahlungen oder Abrechnungsnachzahlungen von früheren Eigentümern, mit denen der neue Verwalter ansonsten nichts mehr zu tun hat.

(6) Pflicht zur Abrechnungserstellung

Der frühere Verwalter ist grundsätzlich nicht mehr verpflichtet, die Jahresabrechnung für das abgelaufene Jahr zu erstellen, wenn er zum Jahresende aus dem Verwalteramt ausscheidet. Die Erstellung der Jahresabrechnung ist schließlich erst im folgenden Jahr fällig, deren Fertigstellung sogar erst nach Ablauf des Jahres überhaupt möglich.

Außerdem ist der frühere Verwalter zur Übergabe sämtlicher Verwaltungsunterlagen verpflichtet und aus diesem Grund gar nicht in der Lage, nach seinem Ausscheiden noch die Jahresabrechnung zu erstellen.

Strittig kann es sein, wer bei einem Verwalterwechsel in den ersten Monaten des Wirtschaftsjahres die Abrechnung zu erstellen hat. Hier sollten die Eigentümer schon im Verwaltervertrag auf einer entsprechenden Regelung bestehen.

Bei der Übernahme eines Objekts im laufenden Wirtschaftsjahr sollte der Verwalter eine Pauschale für die Aufarbeitung des begonnenen Jahres durchzusetzen versuchen.

Kommt der Verwalter seiner Verpflichtung zur Vorlage der Abrechnung nicht nach, so kann jeder Eigentümer einen Anspruch auf Vorlage der Abrechnung gerichtlich geltend machen, und zwar ohne Beschlussfassung der Eigentümerversammlung.

Wer die Verwaltung geführt hat, ohne Verwalter zu sein, ist nicht zur Abrechnung, aber in jedem Falle zur Rechnungslegung verpflichtet. Diesen Status als „Scheinverwalter" gibt es unter anderem, wenn der Bestellungsbeschluss nichtig oder für ungültig erklärt wurde oder auch, wenn die Eigentümergemeinschaft einem Miteigentümer die Verwaltung überlassen hat, ohne ihn zum Verwalter gemäß § 26 WEG zu bestellen (KG Berlin, WE 1993, 83).

(7) Legitimation des neuen Verwalters

Das WEG gewährt dem Verwalter eine nicht einschränkbare Vertretungsmacht. Rechtlich ist der Verwalter somit aufgrund seiner Bestellung der

Vertreter der Eigentümergemeinschaft. Als solcher hat er die Berechtigung, Unterlagen für die Gemeinschaft zu verlangen und in Empfang zu nehmen.

Als Nachweis der Legitimation gilt die von den Eigentümern erteilte Vollmacht. Laut § 27 Abs. 6 hat der Verwalter einen Anspruch auf Erteilung einer Vollmacht.

(8) Übergabe der Unterlagen

Der neue Verwalter hat Ansprüche der Gemeinschaft gegen den alten Verwalter geltend zu machen und gegebenenfalls durchzusetzen.

Dazu gehört auch die Entgegennahme der herauszugebenden Unterlagen sowie einer unter Umständen zu erteilenden Rechnungslegung und Auskünfte.

Ein Übergabeprotokoll ist empfehlenswert. Sind die Unterlagen nicht vollständig, so hat der Neuverwalter auf eine vollständige Erfüllung zu drängen. Besteht keine Aussicht darauf, die Unterlagen vollständig zu erhalten, so muss der Verwalter eine Neuerstellung vornehmen. Auf Kosten der Gemeinschaft sollten dann vor allem folgende Kopien/Neuanfertigungen angefordert werden: Wartungsverträge, Versicherungsverträge, Schließplan/Schließkarte, Hausmeisterverträge.

4.2.3.2 Objektübernahme unter Rentabilitätsgesichtspunkten

Bei der Fremdverwaltung sollte genau bedacht werden, was in den Bestand aufzunehmen ist: Zuviele kleine Objekte binden die Arbeitskraft und sind bekanntlich grundsätzlich unrentabler als größere.

Je nach Unternehmenszielen, Akquisitionsdrang und insbesondere Marktstellung sollten Untergrenzen angesetzt werden:

Beispielsweise kann das Unternehmen eine Mindestverwaltervergütung von monatlich 250 € netto festlegen.

Ausnahmen könnten je nach Situation gemacht werden, wenn sich ein Neuobjekt in der Nachbarschaft eines Bestandsobjekts oder gar des Verwaltungsbüros befindet.

Dennoch kann sich beispielsweise ein 5-Einheiten-Objekt kaum lohnen. Bei 25 € netto je Wohnung/Monat werden im Jahr 1.500 € erzielt. Wenn es sich nicht um ein extrem „pflegeleichtes" Objekt handelt, ist eine Rentabilität nicht möglich.

Eigentümerversammlung, Beiratstreffen/Rechnungsprüfung, Abrechnungserstellung etc. unterscheiden sich nur geringfügig vom 18-Einheiten-Objekt, bei welchem obige 250 €-Grenze erreicht wird. Dass hier mit 3.888 € im Jahr (bei angesetzten 18 € netto je Wohnung/Monat) eher schwarze Zahlen erreicht werden können, ist offensichtlich.

Die Frage nach dem Grund des Verwalterwechsels sollte in jedem Fall gestellt werden. Ein Objekt mit zerstrittenen und/oder querulatorischen Eigentümern sollte vor einer Übernahme recht genau geprüft werden.

(1) Übernahme von Bauträgerobjekten

Bei Objektübernahmen direkt vom Bauträger sollte der Verwalter in etwa abschätzen können, was auf ihn zukommt. Sofern sich der Verwalter jahrelang mit der Verfolgung von Gewährleistungsmängeln, Beweissicherungsverfahren etc. befassen muss, sollte zumindest die Vergütung auf einem entsprechenden Niveau sein. Besser noch ist ein Passus im Verwaltervertrag, dass solche Aufwendungen auf Stundenbasis abgegolten werden.

Dass Abnahmen von Gemeinschaftseigentum nur mit einem Sachverständigen erfolgen, sollte eine Selbstverständlichkeit sein. Da der Sachverständigenbegriff nicht geschützt ist, kann die Wahl eines öffentlich bestellten und vereidigten Sachverständigen hilfreich sein.

(2) Übernahme von Problemobjekten

Gemeinschaften, welche auf der Suche nach einer neuen Verwaltung sind, zählen oftmals zu Problemobjekten. Sei es, dass der vorige Verwalter ein Chaos hinterlassen hat, erhebliche Instandsetzungsstaus bei geringer Rücklage vorhanden sind etc.

Je nach Situation kann ein Verwalter dennoch in Kauf nehmen, zwei, drei Jahre nicht auf seine Kosten zu kommen. Hier ist eine langfristige Betrachtung notwendig.

Bei einer dauerhaft problembeladenen Gemeinschaft sollte der Verwalter gegensteuern. Denkbar sind:

- Erhöhung der Vergütung, notfalls sehr deutlich.
- Einschränkung der Leistung, falls möglich.
- Trennung von dieser Gemeinschaft. Falls möglich, solle das Objekt an einen anderen Verwalter vermittelt werden, gegen eine Provision bei erfolgter Wahl. Üblich sind hier generell je nach Gegebenheiten 2/3 bis 1 Jahresbruttoumsatz. Bei Problemobjekten dürfte die Provision niedriger anzusetzen sein, sofern hier überhaupt noch über eine solche gesprochen wird.

4.3 Einzelprobleme im Wohnungseigentum

4.3.1 Öffnungsklausel

Seit dem oft als „Jahrhundertentscheidung" bezeichneten Beschluss des BGH vom 20.9.2000 hat die Öffnungsklausel stark an Bedeutung gewonnen. Gemäß dieser Entscheidung waren sowohl vereinbarungs- als auch gesetzesändernde Beschlüsse nichtig, auch soweit sie in der Vergangenheit gefasst worden sind. Es war demnach grundsätzlich nicht mehr möglich, Vereinbarungen in der Teilungserklärung bzw. Gemeinschaftsordnung durch einen Mehrheitsbeschluss abzuändern.

Bereits beschlossene Änderungen von Vereinbarungen in der Teilungserklärung waren ebenfalls nichtig.

Mit der Vereinbarung einer Öffnungsklausel in der Teilungserklärung ist es nach wie vor möglich, Vereinbarungen kraft (qualifizierten) Mehrheitsbeschlusses abzuändern. Es geht um eine Unterwerfung aller Eigentümer unter eine Beschlussmehrheit in Angelegenheiten, die an sich vereinbarungsbedürftig sind.

Die WEG-Novelle vom 1.7.2007 hat jedoch umfangreiche Beschlusskompetenzen zur Änderung von Vereinbarungen und gesetzlichen Bestimmungen erlassen. So beispielsweise bei der Änderung von Kostenverteilungsschlüsseln, Verzugsregelungen, Aufhebung einer Veräußerungsbeschränkung, Modernisierungen bzw. Anpassungen an den Stand der Technik.

In diesen Bereichen bestehende Öffnungsklauseln bleiben bestehen, sofern diese weniger strenge Voraussetzungen an die Beschlussfassung enthalten.

Unterschieden wird zwischen einer konkreten und einer allgemeinen Öffnungsklausel.

Die konkrete Öffnungsklausel ist nur für bestimmte Fälle anwendbar. Mit der allgemeinen Öffnungsklausel können dagegen sämtliche Regelungen in der Teilungserklärung durch einen qualifizierten Mehrheitsbeschluss abgeändert werden. Es kann zwar festgelegt werden, dass ein einfacher Mehrheitsbeschluss ausreicht. Regelmäßig wird jedoch eine Mehrheit von 2/3 oder 3/4 der Stimmen aller Wohnungseigentümer benötigt.

Zu beachten ist, dass ein sachlicher Grund zur Änderung vorliegen muß und dass einzelne Eigentümer gegenüber dem früheren Rechtszustand nicht unbillig benachteiligt werden dürfen (BGH, Beschluss vom 27.6.1985, VII ZB 21/84).

Mustertext Öffnungsklausel:

„Die Wohnungseigentümer können einzelne Regelungen in dieser Gemeinschaftsordnung, sonstige Vereinbarungen oder gesetzliche Regelungen in ihren dispositiven (abdingbaren) Regelungen mit einer Mehrheit von 2/3 der Stimmen aller Wohnungseigentümer abändern oder aufheben, soweit hierfür ein sachlicher Grund gegeben ist und einzelne Eigentümer gegenüber dem früheren Rechtszustand nicht unbillig benachteiligt werden."

In den meisten, vor allem älteren, Teilungserklärungen ist noch keine Öffnungsklausel enthalten. Wenn dann nachträglich eine Öffnungsklausel aufgenommen werden soll, ist zu berücksichtigen, dass dies nur durch eine Vereinbarung im Sinne von § 10 Abs. 2 WEG möglich ist. Damit die nachträglich vereinbarte Öffnungsklausel auch gegenüber Sondernachfolgern wirkt, ist die Eintragung im Grundbuch erforderlich.

4.3.2 Miteigentumsanteil

Miteigentumsanteile im Sinne des § 8 Abs. 1 WEG müssen nicht zwingend in Relation zu der Gesamtgrundfläche stehen. Es steht dem aufteilenden Grundstückseigentümer grundsätzlich frei, wieviele Miteigentumsanteile er einem bestimmten Wohn- oder Teileigentum zuweist.

Der Miteigentumsanteil ist also eine variable Größe und nicht starr an die Eigentumsfläche gebunden.

Eine Wohnanlage mit zehn gleich großen Wohnungen muss demnach keinesfalls zehnmal 100/1000stel Miteigentumsanteile aufweisen.

Für eine gerechte Quotenberechnung sollten vor allem die Raum- und Nutzflächen, aber auch die Lage im Gesamtgebäude (Seite, Stockwerk), Nutzungsberechtigungen (Sondernutzungsrechte) und eventuell Bausubstanzwerte maßgebend sein.

Ein Bauträger kann für eine von ihm künftig selbst zu nutzende Wohnung einen wesentlich geringeren Quotenanteil festsetzen. Da die Kostenumlage grundsätzlich laut § 16 Abs. 2 WEG nach Miteigentumsanteilen erfolgt, kann dies ganz erhebliche Auswirkungen haben. Hier muss berücksichtigt werden, dass der betreffende Eigentümer nicht nur weniger zu bezahlen hat, sondern vor allem, dass die anderen Eigentümer hier entsprechend mitbezahlen müssen.

Beim Kauf einer Eigentumswohnung findet dieser Aspekt kaum Berücksichtigung, da die landläufige Meinung wohl die ist, dass Miteigentumsanteil und Fläche in Relation stehen.

Allerdings genügt seit der WEG-Novelle vom 1.7.2007 grundsätzlich ein Mehrheitsbeschluss, um den Kostenverteilungsschlüssel in beispielsweise Quadratmeter abzuändern.

Bei den meisten Kapitalanlagemodellen werden die Miteigentumsanteile nach dem Gesamtaufwand berechnet. Mietrechtlich ist eine Kostenverteilung nach Ausstattungsmerkmalen bzw. Baukosten der Wohnung problematisch.

Ansonsten kann es eine nachträgliche Quotenänderung und damit Kostenumlage nur in Ausnahmefällen geben. Eine Zustimmungspflicht der Eigentümer könnte hier vorliegen bei erheblichen Quotenberechnungsfehlern oder später vorgenommenen Um-, Aus- oder Erweiterungsbauten von Sondereigentum.

4.3.3 Umsatzsteuerausweis in der Jahresabrechnung

Die Eigentümergemeinschaft ist Unternehmer im umsatzsteuerlichen Sinne. Sie erbringt ihre Leistung dort, wo das betreffende Grundstück gelegen ist (§ 3 a Abs. 2 UStG). Nach § 4 Nr. 13 UStG sind Leistungen welche die Eigentümergemeinschaft im Rahmen der Verwaltung des Gemeinschaftseigentums an die jeweiligen Eigentümer erbringen, steuerfrei.

Auf die Steuerbefreiung kann jedoch nach § 9 UStG verzichtet werden, das ist die so genannte Optionserklärung. Die Gemeinschaft kann daher für ihre steuerbaren Leistungen an Eigentümer, welche ihre Räume für unternehmerische Zwecke verwenden, im Falle der Option Umsatzsteuer in Rechnung stellen. Damit kann ein Vorsteuerabzug aus den damit zusammenhängenden Vorleistungen geltend gemacht werden.

Mit der Option ist die Eigentümergemeinschaft verpflichtet, Voranmeldungen und Jahreserklärungen abzugeben (§ 18 UStG). Je nach Umsatzsteuerschuld, also Mehrwertsteuer abzüglich Vorsteuer, müssen zusätzlich vierteljährliche oder monatliche Voranmeldungen eingereicht werden.

Im Falle der Option weist der Verwalter die Umsatzsteuer, die auf die steuerbaren Entgelte entfällt, gesondert aus. Falls eine Option teilweise nicht zulässig ist (Selbstnutzung der Wohnung durch den Eigentümer, Vermietung zu Wohnzwecken, Teileigentumsverwendung für Zwecke die den Vorsteuerabzug ausschließen), schuldet die Gemeinschaft dennoch die ausgewiesenen Steuerbeträge, obwohl ein anteiliger Vorsteuerabzug nicht erlaubt ist: „Wer in einer Rechnung einen Steuerbetrag gesondert ausweist, obwohl er zum gesonderten Ausweis der Steuer nicht berechtigt ist, schuldet den ausgewiesenen Betrag" (§ 14 Abs. 3 UStG).

Die Ausübung der Umsatzsteueroption muss in der Teilungserklärung vereinbart sein. Ob eine nachträgliche Beschlussfassung ausreicht, ist umstritten. Der Verwalter sollte in jedem Falle den anfallenden Aufwand durch entsprechende Vertragsklauseln berücksichtigen. Regelmäßig wird ein Steuerberater hinzugezogen.

Die nicht zum Vorkostenabzug berechtigten Eigentümer dürfen nicht durch Mehrkosten belastet werden.

Literaturempfehlungen
Georg Jennißen, Die Verwalterabrechnung nach dem WEG
Olaf Riecke, Jan-Hendrik Schmidt, Die erfolgreiche Eigentümerversammlung

Kontrollfragen

1. Bei künftigen Objektübernahmen soll der WEG-Verwalter mehr auf Rentabilität achten. Was sollte beachtet werden?
2. Durch was bestimmen sich die Rechte und Pflichten des WEG-Verwalters?
3. Nennen Sie 5 Einflussfaktoren auf die Verwaltervergütung und 5 übliche Zusatzvergütungen.

5. Mietobjekte

> **Lernziele**
>
> Nach diesem Kapitel sollten Sie
> - die grundlegenden Unterscheidungen zwischen Miet- und WEG-Verwaltung kennen,
> - den Begriff der Betriebskosten und deren Abrechnung erläutern können,
> - die steigende Bedeutung der Mietschuldenberatung erkennen,
> - über die wichtigsten Besonderheiten des Gewerberaummietrechts gegenüber dem Wohnraummietrecht Bescheid wissen,
> - die Konstruktion der gewerblichen Zwischenvermietung kennen und beurteilen können.

Unter dem Vermietmanagement sind alle Aufgaben zu verstehen, die der nachhaltigen Vermietung von Mietflächen in Wohn- und Gewerbeimmobilien dienen. Es kommt auf die Nutzungsart und dem Volumen der zu vermietenden Fläche an, welcher Zeitaufwand und welche Kosten notwendig sind.

Das oberste Ziel hierbei ist die Optimierung der Rentabilität für den Eigentümer. Es geht keinesfalls um die maximale Ausschöpfung der Mieterträge, da dies zu kurzfristig gedacht wäre und durch eine hohe Fluktuation mit eventuellen Leerstandszeiten auch die Kosten in die Höhe treiben würde.

5.1 Aufgaben, Befugnisse und Vergütung des Mietverwalters

Im Gegensatz zum WEG-Verwalter gibt es hier kein einheitliches, auf gesetzlichen Vorgaben beruhendes Leitbild, aus dem spezielle Leistungspflichten entnommen werden können.

Im Zweifelsfalle ist von einem „branchenüblichen Leistungsumfang" auszugehen. Betreuungspflichten lassen sich daraus ableiten, dass der Mietverwalter ein „Sachwalter fremden Vermögens" ist. Er haftet deshalb auch für *Fahrlässigkeit*, den geringsten Grad des Verschuldens.

Beim Mietverwalter ist die Vergütung meist an die Höhe der Mieteinnahme gekoppelt, 3 bis 7 % der Bruttomieteinnahmen zzgl. Mehrwertsteuer sind im Wohnbereich üblich.

Kapitel 5

Vereinbart werden muss, ob die Ist- oder die Sollmiete zugrundegelegt wird. Bei längeren Leerstandszeiten ist dieser Unterschied nicht unerheblich.

(1) Rechte des Mietverwalters

Aus der Vollmacht, die der Hauseigentümer dem Verwalter erteilt hat, ergibt sich im Wesentlichen, welche Rechte der Verwalter hat.

Der Verwalter von Mietwohnungen gilt als bevollmächtigt, alle Rechtsgeschäfte mit Wirkung für und gegen den Eigentümer abzuschließen, die die so genannte Verkehrssitte mit sich bringt. Dazu zählt beispielsweise:

- Abschluss von Miet- und Pachtverträgen,
- Wohnungsabnahme des Mieters bei Übergabe und Wegzug,
- Einziehung der Forderungen,
- Geltendmachung des Vermieterpfandrechts,
- Entgegennahme von Mängelrügen des Mieters,
- Erteilung der Erlaubnis zur Untervermietung und Tierhaltung,
- Geltendmachung fälliger Schönheitsreparaturen,
- Wahrnehmung der Rechte des Eigentümers gegenüber Behörden, Grundpfandgläubigern und Handwerkern,
- Abschluss der das Hausgrundstück betreffenden Versicherungsverträge.

Zu beachten ist ferner das Recht des Verwalters, von Weisungen des Hauseigentümers abzuweichen, wenn er den Umständen nach annehmen darf, dass der Eigentümer bei Kenntnis der Sachlage die Abweichung billigen würde (§ 665 BGB).

(2) Pflichten des Mietverwalters

- Der Verwalter hat den Eigentümer über alle wichtigen Ereignisse zu informieren (Vollstreckungsmaßnahmen, Gefahrenquellen wie Ungezieferbefall in der Wohnung, undichtes Dach usw.). Kennt wiederum der Vermieter im Haus vorhandene Gefahrenquellen, so muss er nach Treu und Glauben den Verwalter darauf hinweisen.
- Mieteinnahmen sind vom Verwalter getrennt von seinem sonstigen Vermögen zu verbuchen (§ 43 Insolvenzordnung).
- Die Pflicht, auf Verlangen Auskünfte zu erteilen und nach Erledigung des Geschäftes *Rechenschaft* abzulegen.
- Die Pflicht zur Herausgabe von „Treugut", das heißt Objektunterlagen, die dem betreuten Hauseigentümer gehören (§ 667 BGB). Der Miet-

verwalter ist nicht berechtigt, ohne die Zustimmung des Hauseigentümers Unterlagen, die Treugut sind, zu vernichten. Auch nicht, wenn die Aufbewahrungsfristen nach dem Handelsgesetzbuch abgelaufen sind (§ 257 HGB: 10 Jahre bzw. 6 Jahre für Buchungsbelege).
- Schlussabrechnung bei Beendigung der Verwaltung.
- Selbstverständliche Leistungspflichten sind beispielsweise das Mietinkasso, Überwachung des Mieteingangs, Zahlungsverkehr, Abrechnungserstellung.

5.2 Mietvertrag

Der Mietvertrag begründet das Rechtsverhältnis zwischen Vermieter und Mieter. Dadurch wird der Vermieter verpflichtet, dem Mieter den Gebrauch der Mietsache während der Mietzeit zu gewähren. Der Vermieter hat die Mietsache dem Mieter in einem zum vertragsmäßigen Gebrauch geeigneten Zustand zu überlassen und sie während der Mietzeit in diesem Zustand zu erhalten. Er hat auf der Mietsache ruhende Lasten zu tragen (§ 535 Abs. 1 BGB).

Der Mieter ist verpflichtet, dem Vermieter die vereinbarte Miete zu entrichten (§ 535 Abs. 2 BGB).

Ein Mietvertrag kommt zustande, wenn die Vertragspartner sich über alle wesentlichen Punkte geeinigt haben, nämlich über Mietgegenstand, Mietdauer und Mietpreis sowie über die Gebrauchsüberlassung und über solche Nebenabreden, die nach ihrem Willen regelungsbedürftig sind (BGH, ZMR 1963, 83).

Ein Mietvertrag kann jederzeit formfrei, also auch mündlich geschlossen werden, wenn sich die Parteien über die aufgeführten Punkte geeinigt haben. In der Praxis wird schon aus Beweisgründen selten von der Schriftform abgewichen. Wollen die Parteien einen Vertrag für längere Zeit als ein Jahr abschließen, müssen sie die Schriftform einhalten.

Auch durch schlüssiges Handeln kann der Abschluss eines Mietvertrages vollzogen werden: wenn der Mieter einzieht, regelmäßig Miete bezahlt und der Vermieter die Miete vorbehaltslos entgegennimmt. Der Vermieter müsste hier durch entsprechende Willensäußerungen für klare Verhältnisse sorgen. Ein oft auftretender Fall ist dieser:

Der Mieter führt mit Genehmigung des Vermieters eine Untervermietung durch. Er zieht aus, der Untermieter nutzt die gesamte Wohnung und zahlt die gesamte Miete direkt an den Vermieter, der diese ohne weitere Äußerung mehrere Monate entgegennimmt.

Kapitel 5

Hier ist ein Mietvertrag zu den bisherigen Bedingungen zustande gekommen. Um dies zu vermeiden, hätte der Vermieter dem Untermieter bei Auszug des Mieters mitteilen müssen, dass er mit ihm kein Mietverhältnis begründen wolle, dass er Zahlungen nur als Nutzungsentschädigung entgegennehme, außerdem nach Ablauf einer Räumungsfrist auf Räumung klagen werde.

5.3 Kaution und andere Möglichkeiten der Sicherheitsleistung

Anspruch auf eine Kaution hat der Vermieter nur, wenn es vertraglich vereinbart ist. Einzelheiten der Kaution ergeben sich aus § 551 BGB. Dort wird die zulässige Höhe, die Anlage sowie die Verzinsungspflicht geregelt.

Dies gilt nur für die Wohnraummiete. Bei der Geschäftsraummiete können die Parteien die vertragliche Regelung über die Kaution frei gestalten. Dort kann die Höhe der Kaution frei vereinbart werden.

Die Kaution darf eine dreifache Monatsmiete nicht übersteigen, von der Grundmiete wird ausgegangen. Der Mieter hat das Recht, die Kaution in drei monatlichen Raten zu bezahlen. Das Kautionskonto muss als offenes Treuhandkonto geführt werden, um den Mieter bei einer Vermieterinsolvenz zu schützen und das Pfandrecht der Banken auszuschließen. Die Bezeichnung eines Kontos als „Mietkonto" reicht dafür nicht aus (BGH, Urteil vom 25.9.1990, XI ZR 94/89), wohl aber die Bezeichnung als „Kautionskonto". Es ist im Übrigen nicht notwendig, für jede Kaution ein separates Konto anzulegen. Ein Sammelkonto für sämtliche Kautionsgelder ist ausreichend. Das ist effizienter und kann mehr Zinsen einbringen, welche in voller Höhe dem Mieter zustehen. Dies auch dann, wenn eine Anlage vorteilhafter angelegt wurde, als dem für Spareinlagen mit dreimonatiger Kündigungsfrist üblichen Zinssatz. Allerdings sind hier steuerliche Erfordernisse hinsichtlich anteiliger Kapitalertragsteuer und Zinsabschlag etc. zu beachten (Schreiben des Bundesministers der Finanzen vom 9.5.1994 zur Zinsversteuerung, IVB4 – S 2252 – 276/94), welche im Zweifelsfalle separate Kautionskonten sinnvoller erscheinen lassen.

Weitere Möglichkeiten der Sicherheitsleistung sind Bürgschaften, Verpfändung von Wertpapieren, Sparbuch meist mit einem Sperrvermerk zu Gunsten des Vermieters.

5.4 Betriebskosten

Betriebskosten sind die Kosten, welche dem Eigentümer durch das Eigentum am Grundstück oder durch den bestimmungsmäßigen Gebrauch des Gebäudes, der Nebengebäude, Anlagen, Einrichtungen und des Grundstücks laufend entstehen. Sach- und Arbeitsleistungen des Eigentümers dürfen mit dem Betrag angesetzt werden, der für eine gleichwertige Leistung eines Dritten, insbesondere eines Unternehmers, angesetzt werden könnte. Instandhaltungs- und Instandsetzungskosten sowie Verwaltungskosten zählen nicht zu den Betriebskosten.

Der Vermieter einer frei finanzierten Wohnung kann die Betriebskosten durch vertragliche Vereinbarung auf den Mieter gesondert umlegen (§ 556 Abs. 1 BGB).

Die dafür relevante Betriebskostenverordnung (BetrKV) löste zum 1.1.2004 die bisher für die Betriebskostenumlage maßgebliche Anlage 3 zu § 27 der Zweiten Berechnungsverordnung (II. BV) ab.

Die neue Betriebskostenverordnung stimmt größtenteils mit den Bestimmungen der alten II. BV überein. Grundlegende Neuerungen gibt es nicht, lediglich in Details wurden Änderungen vorgenommen:

Bei der Position „Kosten der Müllbeseitigung" wurde neu aufgenommen, dass auch die Kosten des Betriebs von Müllkompressoren, Müllschluckern und Müllabsauganlagen sowie der Betrieb von Müllmengenerfassungsanlagen einschließlich der Kosten der Berechnung und der Aufteilung künftig umlagefähig sind. Diese Kosten wurden zwar von der Rechtsprechung bereits als umlagefähig anerkannt, waren aber bisher nicht in den Bestimmungen zu den umlagefähigen Betriebskosten ausdrücklich genannt.

Aus Gründen der Klarstellung wurde bei der Position „Kosten der Sach- und Haftpflichtversicherung" die Elementarschadenversicherung wegen ihrer zunehmenden Bedeutung neu eingefügt.

Bei den Kosten des Betriebs der Gemeinschaftsantennenanlage wurde angesichts der Gebührenpflicht bei „Kabelweitersendungsvorgängen" nach § 20 b Urheberrechtsgesetz diese Position entsprechend ergänzt, nun können auch diese Kosten an den Mieter weitergegeben werden.

Die Betriebskosten im Sinne von § 1 BetrKV sind nachfolgend aufgeführt. Was im Detail zur jeweiligen Ziffer gehört, ist § 2 BetrKV („Aufstellung der Betriebskosten") zu entnehmen.

   1. Laufende öffentlichen Lasten des Grundstücks.

2. Kosten der Wasserversorgung.
3. Kosten der Entwässerung.
4. Kosten a) des Betriebs der zentralen Heizungsanlage b) des Betriebs der zentralen Brennstoffversorgungsanlage, c) der eigenständig gewerblichen Lieferung von Wärme, d) der Reinigung und Wartung von Etagenheizungen und Gaseinzelfeuerstätten.
5. Kosten a) des Betriebs der zentralen Warmwasserversorgungsanlage, b) der eigenständig gewerblichen Lieferung von Warmwasser, c) der Reinigung und Wartung von Warmwassergeräten.
6. Kosten verbundener Heizungs- und Warmwasserversorgungsanlagen.
7. Kosten des Betriebs des Personen- oder Lastenaufzugs.
8. Kosten der Straßenreinigung und Müllbeseitigung.
9. Kosten der Gebäudereinigung und Ungezieferbekämpfung.
10. Kosten der Gartenpflege.
11. Kosten der Beleuchtung.
12. Kosten der Schornsteinreinigung.
13. Kosten der Sach- und Haftpflichtversicherung.
14. Kosten für den Hauswart.
15. Kosten a) des Betriebs der Gemeinschafts-Antennenanlage, b) des Betriebs der mit einem Breitbandkabelnetz verbundenen privaten Verteilanlage.
16. Kosten des Betriebs der Einrichtungen für die Wäschepflege.
17. Sonstige Betriebskosten
(hierzu gehören Betriebskosten im Sinne des § 1, die von den Nummern 1 bis 16 nicht erfasst sind).

Werden Dachrinnenreinigungskosten gesondert im Mietvertrag vereinbart, sind sie als sonstige Betriebskosten umlegbar. Eine bloße Nennung der Nr. 17 „Sonstige Betriebskosten" reicht dafür nicht aus, so das BGH-Urteil vom 7.4.2004.

5.5 Betriebskostenabrechnung

Nach § 556 Abs. 3 BGB hat der Vermieter über die Betriebskostenvorauszahlungen jährlich abzurechnen.

Für den frei finanzierten Wohnraum und für preisgebundenen Wohnraum ist in § 556 Abs. 3 S. 2 BGB, § 20 Abs. 3 S. 3 NMV geregelt, dass die jährliche Abrechnung dem Mieter spätestens bis zum Ablauf des 12. Monats nach dem Ende des Abrechnungszeitraums zuzuleiten ist.

(1) Fristüberschreitung

Eine Fristüberschreitung hat zur Folge, dass der Vermieter mit Nachforderungen ausgeschlossen wird, außer er hat die verspätete Geltendmachung nicht zu vertreten (§ 556 Abs. 3 BGB).

Für eine verspätete Geltendmachung von Leistungen seiner Erfüllungsgehilfen (Hausmeister, Gärtner, Wartungsdienst) muss der Vermieter einstehen; für so genannte Amtsträger (Grundsteuer) und Lieferanten (Wasser, Wärme) haftet er nicht.

(2) Fehlende Fachkenntnis

Fehlende Kenntnisse zur Betriebskostenabrechnung hat der Vermieter zu vertreten. Deshalb liegt eine verschuldete Fristüberschreitung vor, wenn der Vermieter eine den Anforderungen der Rechtsprechung nicht genügende Abrechnung erst nach Ablauf der Jahresfrist nachbessert oder ergänzt.

Beispiele für eine nicht zu vertretende Fristüberschreitung: Verzögerungen bei der Ablesung von Erfassungsgeräten wegen Abwesenheit der Mieter, hoher Krankenstand des Personals oder bei Softwareproblemen.

Ist eine Eigentumswohnung vermietet, so ist es dem Eigentümer grundsätzlich nicht zuzurechnen, wenn der Verwalter verspätet abrechnet. Im Hinblick auf die mietvertraglichen Pflichten und Obliegenheiten, zu denen auch eine zeitnahe Abrechnung gehört, kann der Verwalter nicht als Erfüllungsgehilfe einzelner Eigentümer angesehen werden.

Ausnahmsweise kann der vermietende Eigentümer allerdings gegenüber seinem Mieter verpflichtet sein, den Verwalter zu einer rechtzeitigen Abrechnung aufzufordern. Das gilt vor allem dann, wenn der Verwalter bereits früher verspätet abgerechnet hat und durch ein außergerichtliches oder gerichtliches Vorgehen eine Änderung dieser Praxis zu erwarten ist.

Die Fristüberschreitung führt zwar zum Verlust des Nachforderungsanspruchs des Vermieters. Der Mieter hat jedoch nach wie vor Anspruch auf Auszahlung eines Abrechnungsguthabens. Zusätzlich hat der Mieter im Falle der Fristüberschreitung ein Zurückbehaltungsrecht an künftigen Vorauszahlungen.

(3) Inhalt der Abrechnung

Es muss aus der Abrechnung hervorgehen, über welchen Abrechnungszeitraum abgerechnet wird und wann die Abrechnung erstellt worden ist. Außerdem muss erkennbar sein, dass die Abrechnung die Wohnung des Mieters betrifft. Unterschreiben muss der Vermieter die Abrechnung nicht. Es muss nur eindeutig sein, dass die Abrechnung vom Vermieter bzw. dessen Bevollmächtigten stammt.

(4) Kostenzusammenstellung

Nach den vom BGH aufgestellten Grundsätzen (Urteil vom 23.11.1981, VIII ZR 298/80) muss die Abrechnung eine geordnete Zusammenstellung der Ausgaben in Form einer zweckmäßigen und übersichtlichen Aufgliederung in Abrechnungsposten enthalten. Der Mieter muss in die Lage versetzt werden, den Anspruch des Vermieters gedanklich und rechnerisch nachzuprüfen. Dabei geht es um das durchschnittliche Verständnisvermögen eines juristisch und betriebswirtschaftlich nicht geschulten Mieters.

Die rechtlichen Anforderungen, die insoweit an eine Nebenkostenabrechnung gestellt werden müssen, sind der Grad der Aufschlüsselung nach dem Grundsatz der Zumutbarkeit, also nach einer sinnvollen Relation zwischen dem Zeit- und Arbeitsaufwand des Vermieters einerseits und den schutzwürdigen Informationsinteressen des Mieters andererseits (BGH, a.a.O.). Die Pflicht zur Spezifizierung darf einerseits nicht überspannt, andererseits aber auch nicht zu großzügig beurteilt werden.

Der Vermieter sollte die Gesamtkosten auf die in der Betriebskostenverordnung aufgelisteten Betriebskostengruppen aufteilen.

In der Abrechnung muss der Umlagemaßstab angegeben und ggf. erläutert werden. Wird die Umlage nach dem Verhältnis der Wohnfläche berechnet, so muss nicht nur die Fläche der jeweiligen Wohnung, sondern auch die Gesamtfläche angegeben werden. Wird nach Kopfteilen abgerechnet, so ist die Gesamtzahl der Personen anzuführen.

Aus der Abrechnung muss weiter ersichtlich sein, wie sich der Anteil des Mieters berechnet und welche Vorauszahlungen berücksichtigt worden sind.

(5) Sonderprobleme

Nachfolgend werden verschiedene Problembereiche angesprochen, welche immer wieder zu durchaus vermeidbaren Streitigkeiten führen:

Kosten der Versorgungsunternehmen

Bei diesen Kosten sind häufig der Abrechnungszeitraum des Versorgungsunternehmens und der Abrechnungszeitraum des Wohnungsunternehmens nicht übereinstimmend. In diesem Fall müssen die verbrauchsabhängigen Kosten (z. B. Stromkosten) durch Zwischenablesung zum Ende des Abrechnungszeitraums ermittelt werden. Aufgrund der Abrechnung des Versorgungsunternehmens sind die für den Abrechnungszeitraum des Wohnungsunternehmens maßgeblichen Verbrauchswerte zu errechnen.

Vollwartungsverträge
Solche Verträge werden häufig zur Aufzugswartung abgeschlossen. Nach diesen Verträgen ist das Wartungsunternehmen verpflichtet, für einen bestimmten Festpreis sowohl Wartungsarbeiten und bestimmte Instandsetzungsarbeiten durchzuführen.
Umlagefähig sind aber nur die für die Wartungsarbeiten entstehenden Kosten. Der im Gesamtpreis enthaltene Anteil für die Instandsetzung wird in der Rechtsprechung zwischen 20% und 50% angesetzt.
Die Höhe des Abzugs hängt von der Höhe des Instandsetzungsanteils ab. Dies muss der Vermieter anhand der Leistungsbeschreibung des Wartungsunternehmens ermitteln und erläutern (LG Berlin, Urteil vom 15.3.2002, 65 S 327/01).

Leerstand
Leer stehende Räume sind zu Lasten des Vermieters zu berücksichtigen. Die betreffenden Räume müssen in der Abrechnung so behandelt werden, als wären sie vom Vermieter genutzt worden.
Ändert sich die Gesamtfläche während der Abrechnungsperiode, so muss das in die Abrechnung einfließen. Im Wohnbereich ist das klassische Beispiel hierfür, dass ein Dachgeschoss ausgebaut worden ist. Bei einer Gewerbeimmobilie wäre es nicht unüblich, dass variable Wände versetzt werden und ein Nutzer nun mehr Fläche hat, auf Kosten einer eventuell bisher nicht berücksichtigten Allgemeinfläche.

Betriebskosten nach dem Wirtschaftlichkeitsgrundsatz
Bei der Abrechnung der Betriebskosten ist der Wirtschaftlichkeitsgrundsatz zu beachten (§ 556 Abs. 3 S. 1 BGB). Zum Wirtschaftlichkeitsgebot gehört insbesondere:
- Angemessene, nicht zu kurze Reinigungsintervalle.
- Grünanlagen sollen nicht übermäßig bewässert werden.
- Keine überflüssigen Versicherungen.
- Mülltonnen nur soviel wie notwendig.
- Generell hat der Vermieter bzw. Verwalter auf angemessene Preise zu achten, Mengenrabatte sowie günstige Einkaufsmöglichkeiten sind auszunutzen.

Kapitel 5

- Von mehreren Problemlösungen ist die günstigste auszuwählen (z. B.: Kompostieren des Herbstlaubs statt Abfuhr; keine manuellen Reinigungsarbeiten, wenn der Einsatz von Maschinen kostengünstiger ist).
- Wartungsintervalle von technischen Einrichtungen sollten nicht unüblich kurz sein. Eine monatliche Aufzugswartung ist in einem normalen Wohnobjekt beispielsweise sicherlich auf den Prüfstand zu stellen.

5.6 Betriebskostenmanagement

Seit Jahren ist ein erheblicher und stetiger Anstieg der Betriebs- bzw. Nebenkosten zu verzeichnen, in deutlich höherem Maße als bei den Nettokaltmieten oder den Lebenshaltungskosten.

Dieser Anstieg der Nebenkosten, mittlerweile auch „Zweite Miete" genannt, ist sowohl für Mieter und Vermieter problematisch.

Für den Mieter sind letztlich die Gesamtkosten des Wohnens entscheidend. Eine Trennung in Warm- oder Kaltmiete oder gar eine Differenzierung in einzelne Kostenarten der Wohnnebenkosten ist meist nicht Gegenstand seiner Betrachtung.

Dem Vermieter verschlechtern hohe Nebenkosten die Marktchancen seines Objekts, zumindest bei Marktsegmenten mit entsprechendem Angebotsüberhang. Mögliche Mieterhöhungsspielräume werden eingeschränkt.

Es ist davon auszugehen, dass Mieter bei der Wohnungswahl die Betriebskosten in Zukunft deutlich stärker berücksichtigen werden, vgl. dazu auch die Einführung des Energieausweises (Kapitel 9.2.2).

Die Wohnungswirtschaft hat aufgrund dieser Tendenzen begonnen, Strategien für die Senkung der Betriebskosten zu entwickeln. Diese gehen in folgende Richtungen:

Änderung des Verbrauchsverhaltens; effizienzsteigernde Maßnahmen; Anstreben von mehr Mengenvorteilen.

Speziell zum Betriebskosten-Benchmarking als dem wichtigsten Instrument des Betriebskostenmanagements siehe Kapitel 7.2.

5.7 Beendigung und Abwicklung des Mietverhältnisses

Die wichtigsten Fälle der Beendigung eines Mietverhältnisses sind der Zeitablauf (§ 575 Abs. 1 BGB), die Kündigung (§§ 573ff. BGB) und der Mietaufhebungsvertrag.

Nach Beendigung des Mietverhältnisses hat der Mieter die Mietsache zurückzugeben (§ 546 Abs. 1 BGB). Das Mietverhältnis muss also beendet sein. Nach dem Wortlaut des Gesetzes hat der Mieter nach Beendigung zu räumen. Die Mieträume müssen also nicht am letzten Tag der Mietzeit zurückgegeben werden, sondern am nächsten folgenden Tag (§ 188 BGB). Fällt dieser Tag auf einen Samstag, Sonntag oder Feiertag, müssen die Räume erst am nächsten Werktag zurückgegeben werden (§ 193 BGB). Bei nicht rechtzeitiger Rückgabe kommt der Mieter ohne Mahnung in Verzug (§ 284 Abs. 2 BGB). Die Räumungspflicht wird durch das Fortschaffen der eingebrachten Sachen des Mieters sowie der Aushändigung der Schlüssel erfüllt.

5.8 Mieterbeiräte und Mieterinitiativen

Als Mietervertretung in größeren Wohnanlagen stellen Mieterbeiräte seit den 1960er Jahren die institutionelle Art einer Mietermitwirkung und Mietermitbestimmung dar. Teilweise sind es Eigengründungen (Weiterentwicklung von Mieterinitiativen), häufig jedoch sind es Fremdgründungen: Die Wohnungsunternehmen selbst installieren einen Mieterbeirat.

Damit soll der Wunsch nach verstärkter Mitwirkung im Wohnbereich gezielt gelenkt und mit den Interessen des Unternehmens in Einklang gebracht werden. Als Beispiel wäre die Akzeptanz von baulichen Maßnahmen und den damit verbundenen Mieterhöhungen.

Die Aufgaben sowie die Zusammensetzung dieser Beiräte werden im Regelfall in einer Wahlordnung, einer Satzung oder vertraglichen Vereinbarungen mit dem Wohnungsunternehmen festgelegt.

Eine formelle Mitentscheidungsbefugnis hat der Mieterbeirat normalerweise nicht. Nur in Ausnahmen hat der Beirat erweiterte Mitwirkungskompetenzen. Hier besteht dann auch ein Anspruch auf Anhörung und Unterrichtung, sowie eine gleichberechtigte Mitentscheidung bei Hausordnungsfragen, Belegung, Instandsetzungsmaßnahmen. Der Beirat kann dann auch als Vermittler bei Kündigungsproblemen agieren.

Vom Typ her kann eine Unterscheidung getroffen werden zwischen Gesamtmieterbeirat (i.d.R. für den gesamten Wohnungsbestand eines Unternehmens mit lokalem Wirkungsbereich), Bereichsmieterbeirat (einzelne Wohngebiete, Gebäudekomplexe) etc.

Obwohl nach diversen Umfragen eine Mehrheit der Mieter einen Mieterbeirat befürwortet, wird ein weitverbreitetes Desinteresse der Mieter beklagt, sich für ein solches Amt zur Verfügung zu stellen, oft wohl wegen den begrenzten Möglichkeiten des Beirats.

5.9 Mietschuldenberatung und Soziales Management

Die Schere zwischen Arm und Reich wird deutlich größer, Hilfen vom Sozial- bzw. Arbeitsamt werden gekürzt. Auch die sozialen Dienste und karitativen Einrichtungen selbst erhalten weniger Steuergelder.

Wohnungsunternehmen sind von dem wachsenden sozialen Problemdruck einer Vielzahl von Mietern besonders betroffen.

Vor allem zu nennen sind hier Mietausfälle, hoher Instandsetzungsaufwand für Vandalismusschäden, Beschwerden von Nachbarn über nicht adäquates Wohnverhalten, Wohnungsleerstände in bestimmten Regionen, hohe Fluktuation in Problemgebieten. Neben dem technischen und kaufmännischen Wohnungsmanagement sollte auch ein Soziales Management vorhanden sein. Dabei gehört für viele Wohnungsunternehmen, vor allem für Genossenschaften und schon vom Auftrag her für kommunale Unternehmen, ein soziales Engagement zum Tagesgeschäft. Es sollen die Eigeninteressen der Unternehmen durchaus berücksichtigt werden:

„Sozialverträglichkeit und Wirtschaftlichkeit sind deshalb keine Gegensätze, sondern sind komplementär zu sehen: Wirtschaftlichkeit durch Sozialverträglichkeit" (Volker Eichener und Martin Schauerte: Sozialarbeit von Wohnungsunternehmen als neue Managementaufgabe, InWIS Forschungsbericht 2000).

Eine sozial sensible Wohnungsvergabe zur Vermeidung von Tendenzen zur Ghettoisierung nimmt den höchsten Stellenwert ein. Dann folgt ein Konfliktmanagement (Maßnahmen zur Erhaltung des Hausfriedens bzw. zur Einhaltung der Hausordnung) sowie die Mietschuldenberatung.

Steigende Mietschuldsummen, Räumungszahlen und Kosten für die darauf folgenden Mieterwechsel führen zu empfindlich sinkenden Erträgen. Allerdings kann auch in Zeiten zunehmender Arbeitslosigkeit und stagnierender Wirtschaft dagegengesteuert werden: Eine effiziente Mietschuldenberatung treibt Schulden ein, senkt Räumungszahlen, verringert die Fluktuation und erhöht die Kundenzufriedenheit. Frühzeitige Information der Mieter, effiziente Beratung und die Einschaltung professioneller Schuldenberater gehören zu den Instrumenten einer erfolgreichen Mietschuldenberatung. Gleichzeitig werden ansonsten ruhige Kunden gehalten, damit die Mieterschaft stabilisiert und das Image des Unternehmens verbessert.

Vorbeugende Maßnahmen können in Erwägung gezogen werden: Treffen mit Mitarbeitern vom Sozialamt, Änderungen der Belegungsbedingungen, Überprüfung im ersten Jahr nach der Einmietung, Analyse der Gründe für bisherige Mietausfälle etc.

Ein Mietschuldberater kann ein Mitarbeiter des Wohnungsunternehmens sein oder bei kleinen und mittleren Unternehmen ein externer Berater. Häufig zeigt sich bald, dass manch säumiger Mieter sich nicht traut, Sozialhilfe zu beantragen, ein Überweisungsformular nicht ausfüllen kann bzw. nicht weiß, dass ein Dauerauftrag für die Miete einrichtbar ist. Der Berater wird den Mieter ggf. zur Bank oder zum Amt begleiten. Das soll auch die Selbstständigkeit bei Behördengängen fördern, Berührungsängste zu Ämtern werden abgebaut.

Hier kann das Wohnungsunternehmen große Summen sparen, wenn diesem Aufwand die konventionelle Vorgehensweise gegenübergestellt wird: Mahnkosten, Gerichtsgebühren, offene Mietzahlungen, Renovierungs- und vielleicht noch Leerstandskosten. Bei einer standardisierten Vorgehensweise mit der Bereitstellung von Informationsbroschüren, Antragsformulare für Sozialhilfe, Checklisten, Telefonverzeichnisse mit Zuständigkeitshinweisen für entsprechende Ämter kann hier effizient und punktuell vorgegangen werden. Vor allem die Weiterleitung an die von Amts wegen zuständigen Stellen sollte vorangetrieben werden, da schließlich nur eine Anschubhilfe geleistet werden soll.

Allerdings kann der Mietschuldberater durchaus auch ablehnende Bescheide des Amtes prüfen und den Mieter auf sich doch bietende Möglichkeiten hinweisen.

Manche Wohnungsunternehmen sind bereit, auf Lohnpfändungen beim Arbeitgeber zu verzichten, wenn eine freiwillige Auszahlung im Rahmen der Pfändungsfreigrenze zustande kommt. Arbeitgeber begrüssen meist solche Aktivitäten. Die Arbeitsstelle und damit auch die Möglichkeit zur Zahlung der Rückstände bleibt dann eher stabil. Allerdings besteht das Risiko, dass ein anderer Gläubiger die Lohnpfändung betreibt und das Wohnungsunternehmen außen vor bleibt.

Manche Wohnungsunternehmen bzw. Hausverwalter rufen den Mieter bei der ersten ausstehenden Miete an, noch vor der schriftlichen Mahnung. Dieser Anruf, der durchaus in den Abendstunden erfolgen kann, bewirkt oft viel bei einem minimalen Einsatz. Die Mietschuld ist noch nicht hoch, der Mieter empfängt ein Warnsignal. Ein Mahnschreiben hingegen wird weggelegt und verdrängt. Das Telefonat bzw. dieser direkte Kontakt findet je nach Schuldner durchaus einen Zugang. Die Aktivierung eines Mietschuldberaters sollte dann erfolgen, wenn auch weitere Gespräche, notfalls vor Ort, nicht zum Erfolg geführt haben.

Ein Ziel ist auch die Stabilisierung der Nachbarschaften und der Vermeidung der Effekte, die aus dem sozialen und demographischen Strukturwandel entstehen.

5.10 Besonderheiten beim Gewerberaummietverhältnis

Im Einzelfall kann die Abgrenzung zwischen Wohn- und Gewerberaummietverhältnis problematisch sein, vor allem, wenn Wohnräume und Geschäftsräume zugleich vermietet werden.

Da ein Mietverhältnis entweder dem Wohnraum- oder dem gewerblichen Mietrecht zuzuordnen ist, sollten hier eindeutige Bestimmungen getroffen werden.

Die rechtlichen Auswirkungen sind je nach Einordnung bedeutsam: Im Wohnraummietrecht besteht Kündigungsschutz, das Mieterhöhungsverfahren ist formalisiert, die Vertragsfreiheit eingeschränkt. Entscheidend ist grundsätzlich der Parteiwille, wie er regelmäßig im Mietvertrag zum Ausdruck kommt. Das ist nicht der Fall, wenn ein Geschäftsraummietvertrag lediglich zur Umgehung der Wohnraumschutzbestimmungen abgeschlossen wird. Fehlt es an einer ausdrücklichen Vereinbarung, kommt es darauf an, was der Hauptzweck des Vertrages ist. Die Rechtsprechung hat dafür die *Übergewichtstheorie* entwickelt.

Ein Geschäftsraummietverhältnis liegt regelmäßig vor, wenn der Mieter aus der Nutzung der Räume seinen Lebensunterhalt erwirtschaftet, wie bei der Vermietung einer Gaststätte mit Wirtswohnung.

Gerade bei Geschäftsraummietverhältnissen ist grundsätzlich darauf hinzuweisen, dass Vertragsmuster mit Vorsicht und Zurückhaltung benutzt werden sollten. Entscheidend sind die Besonderheiten des Einzelfalls. Das Muster stellt nur ein Grundgerüst dar. Es liegt auf der Hand, dass die Vermietung eines Ladens in einem Einkaufszentrum, einer Gaststätte mit Einliegerwohnung oder eines Grundstücks zur Betreibung eines Schrottplatzes nicht mit dem gleichen Vertrag geregelt werden können.

Die genaue Bestimmung der Parteien des Mietverhältnisses ist im Vertrag korrekt zu erfassen.

So ist bei einer Einzelfirma nicht nur die Firmenbezeichnung, sondern auch Name, Vorname und Privatadresse des Firmeninhabers aufzunehmen. Bei einer juristischen Person als Mieter wie KG, OHG oder GmbH, ist die Vorlage eines aktuellen Handelsregisterauszugs ratsam. Ob der unterzeichnende Vertragspartner überhaupt vertretungsberechtigt ist, sollte geprüft werden. Vor allem bei einer Gesellschaft mit beschränkter Haftung sollte überlegt werden, ob eine persönliche Bürgschaft des Geschäftsführers oder eines Gesellschafters der GmbH zusätzlich erforderlich ist, oder ob eine dieser Personen als so genannte Naturalpartei den Mietvertrag ebenfalls mit unterzeichnet.

Bei Personenmehrheiten sowohl auf Mieter- und Vermieterseite, kommt es häufig zu Unklarheiten, weil nicht alle genannten Personen den Vertrag auch unterschrieben haben. Darauf ist Wert zu legen, nicht nur im Bereich der Gewerberaumvermietung.

Wichtige Besonderheiten beim Gewerberaum sind:
- Es gibt keinen Mietspiegel.
- Es existiert keine gesetzliche Regelung der Miethöhe. Von einem Missverhältnis wird erst gesprochen bei der hundertprozentigen Überschreitung der Miete mit vergleichbaren Objekten.
- Ggf. wird eine Umsatzmiete vereinbart und/oder eine Option zur Umsatzsteuer.
- Falls vertraglich vereinbart, ist die Umlage sämtlicher Kosten zulässig, sofern diese Gegenstand der Mietsache sind.
- Preisklauseln können vereinbart werden.
- Eine Staffelmietvereinbarung ohne Intervalle und Beschränkung ist möglich.
- Eine Kündigung ist ohne Angabe von Gründen möglich. Die Frist berechnet sich nach § 580 a Abs. 1 bzw. 2 BGB statt wie beim Wohnraum nach § 573 c Abs. 1 BGB.

5.11 Gewerbliche Zwischenvermietung

Bei Anlageobjekten finden sich oft gewerbliche Zwischenvermietungen. Mit dieser Konstruktion soll dem Erwerber und späteren Wohnungseigentümer nahezu jedes mit dem Objekt verbundene Risiko abgenommen werden. Deshalb mietet der Verkäufer oder ein mit ihm verbundenes Unternehmen, von dem Käufer die Wohnung an. Die Wohnung wird dann an den Endnutzer weitervermietet. Dieser ist rechtlich ein Untermieter im Sinne des § 549 BGB.

Kapitel 5

Der Wohnungseigentümer hat den Vorteil, dass er während des Bestehens der gewerblichen Zwischenanmietung sich um das Mietverhältnis mit dem Endnutzer nicht kümmern muss. Dieses Hauptmietverhältnis wird der Gewerberaummiete zugerechnet, weil der Zweck der Anmietung durch den gewerblichen Zwischenmieter nicht auf die Nutzung der Wohnung als Wohnraum gerichtet ist, sondern auf die Weitervermietung an den Wohnraumnutzer. Das Rechtsverhältnis zwischen dem Zwischenmieter und dem Endnutzer ist wiederum dem Wohnraummietrecht zuzuordnen.

Häufig ist es jedoch so, dass gewerbliche Zwischenanmieter nicht lange ihre Verpflichtungen dem Eigentümer gegenüber erfüllen. Wenn der zu entrichtende Mietzins höher ist als der vom Endnutzer, ist die Grenze der finanziellen Leistungsfähigkeit oft schnell erreicht.

Häufig übernimmt der gewerbliche Zwischenvermieter vorab die Leistungen gegenüber der Wohnungseigentümergemeinschaft, die er bei der Zahlung an den Eigentümer wieder in Abzug bringt.

Leistet der gewerbliche Zwischenanmieter diese Gelder an die Gemeinschaft nicht, haftet der Wohnungseigentümer nach wie vor.

Beide Rechtsverhältnisse, die Mitgliedschaft in der Wohnungseigentümergemeinschaft und die gewerbliche Zwischenvermietung, sind völlig separat zu betrachten.

Wird das gewerbliche Zwischenvermietungsverhältnis beendet, so tritt der Eigentümer der Wohnung nach § 549 a BGB in das mit dem Endnutzer bestehende Mietverhältnis ein. Der Untermietvertrag des Endnutzers wandelt sich somit in einen Hauptmietvertrag um. Es gelten dann auch die wohnraummietrechtlichen Vorschriften zulasten des Eigentümers. Bisher hatte dieser einen Gewerbemietvertrag.

Erfreulich für den Eigentümer ist es, wenn der Mietzins des Endnutzers höher ist als der vom gewerblichen Zwischenanmieter.

Ist ein gewerblicher Zwischenmieter insolvent und hat eine Barkaution nicht auf einem Treuhandkonto angelegt, so hat der Mieter diese Kaution verloren. Es besteht kein Regressanspruch gegen den Eigentümer. Die Kaution ist keine so genannte Masseschuld (OLG Hamburg RE NJW-RR 90, 213).

Ob ein Vertrag über eine gewerbliche Zwischenvermietung abgeschlossen wird, ist im Einzelfall zu entscheiden. Es hängt im Wesentlichen von der Vermietbarkeit der Wohnung, dem zu erzielenden Mietzins und der Seriosität des Zwischenvermieters ab.

Literaturempfehlungen
Jürgen Fritz, Gewerberaummietrecht
Hans Langenberg, Betriebskostenrecht der Wohn- und Gewerberaummiete
Börstinghaus/Eisenschmid, Arbeitskommentar Neues Mietrecht

Kontrollfragen

1. Nennen Sie vier Beispiele für das Wirtschaftlichkeitsgebot bei der Betriebskostenabrechnung.
2. Was ist unter einer gewerblichen Zwischenvermietung zu verstehen?
3. Nennen Sie fünf Unterschiede vom Geschäftsraum- zum Wohnraummietverhältnis.

6. Büroobjekte, Centermanagement und Sonderimmobilien

Lernziele

Dieses Kapitel soll Sie
- auf grundsätzliche Besonderheiten der Vermietung von bestimmten Gewerbeimmobilien aufmerksam machen,
- auf den Begriff der *Incentives* hinweisen.

Gewerbeimmobilien haben ein sehr breites Spektrum an verschiedenen Typen und Nutzungsformen und sind wesentlich vielschichtiger und meist komplexer als Wohnimmobilien. Die Bandbreite geht vom Kiosk über das Lagerhaus bis hin zum Einkaufszentrum oder Bürohochhaus.

Bei Immobilien wie Einkaufszentren, Passagen, Seniorenheimen oder Freizeitanlagen kommen neben den üblichen Verwaltungstätigkeiten folgende Managementbereiche hinzu: Objektentwicklung, Profilierungs-/Imagepolitik, Vermietungskonzept, Kosten-Nutzen-Controlling, Flächenoptimierung, Standort- und Sicherheitsoptimierung etc.

Speziell bei Einkaufspassagen und Einkaufszentren ist ein Hauptaugenmerk auf den Mietermix zu setzen. Nur attraktive Geschäfte ziehen die Kunden an. Je stärker die Ansammlung von attraktiven Geschäften ist, je höher der Kundenzulauf und damit der Marktwert der Immobilie. Dies ist durchaus vom Verwalter steuerbar.

Es kann also sinnvoll sein, eine Ladenfläche solange leerstehen zu lassen, bis ein exakt passender Mieter gefunden wird.

Einem Centermanager obliegt die verantwortliche Leitung eines Centers mit einer mehr oder weniger großen Anzahl von Einzelhandelsgeschäften. Zu seinem Spektrum gehört die kontinuierliche Arbeit an der Optimierung der Sortiments- und Branchenstruktur, ebenso die gesamte Organisation der Verwaltung und des technischen Betriebes. Die Werbegemeinschaft wird von ihm geführt, die Beobachtung der Wettbewerber, Budgetplanung und Budgetkontrolle sind auch übliche Aufgaben des Centermanagers.

Ebenso die Realisierung von Marketing-, Werbe- und Verkaufsförderungs-Maßnahmen mit dem Ziel, das Einkaufs-Center als attraktiven und lebendigen Bestandteil der Stadt und Region darzustellen. Ein partnerschaftliches Vertrauensverhältnis zwischen den Mietern und Center-Eignern soll aufgebaut und gepflegt werden.

Bei der Gewerbeimmobilie ist unter dem Begriff *Incentives* (=Anreize) folgendes zu verstehen:

In schwierigen Marktsituationen sind Vermieter oft zu teils erheblichen Zugeständnissen bereit. Beispiele sind Kautionsnachlass, mietfreie Zeiten, Übernahme der Umzugskosten, Stellung der Büroeinrichtung.

Gerade bei Büroflächen wird die Vermietung immer problematischer. Die Bürogebäude wurden bislang häufig auf Vorrat errichtet, in der Planungsphase stehen weder Nutzer noch Eigentümer fest. Durch einen ganz erheblichen Arbeitsplatzabbau im Bürobereich und auch dadurch dass viele Unternehmen mittlerweile Back-Office-Flächen für nicht repräsentative Zwecke außerhalb der bisher bevorzugten Flächen platzieren, gibt es stellenweise erhebliche Überangebote.

Mit den Incentives wollen die Vermieter den gewünschten Mietzins erzielen. Im Regelfall ist die Gewährung von Incentives vorteilhafter, als von vornherein die Miete zu senken. Während der Mietzeit kann sich diese Vorgehensweise durchaus amortisieren und vor allem kann bei weiteren Mietabschlüssen im Objekt auf die bereits erzielte Miete verwiesen werden.

Bei der Vermietung in Einkaufszentren wird üblicherweise eine Grundmiete vereinbart, auf welche zusätzlich ein Umsatzanteil kommt. Vom Mieter wird meist quartalsweise eine Abrechnung oder Bestätigung von seinem Steuerberater gefordert und daraufhin die Umsatzmiete in Rechnung gestellt.

Auch Abrechnungen der Werbegemeinschaft, Wach- und Schließdienste etc. werden turnusgemäß vorgenommen und auf die Mieter umgelegt.

Zur Vertiefung sei hier der Band „Management von Gewerbeimmobilien" empfohlen.

Kontrollfragen

1. Was ist unter einem Centermanager zu verstehen?
2. Was sind Incentives im Zusammenhang mit der Vermietung?

7. Immobiliencontrolling

> **Lernziele**
>
> Nach dem Abschluss dieses Kapitels sollten Sie
> - die Aufgabe des Immobiliencontrollings kennen,
> - wissen, wozu das Berichtswesen im Immobilienmanagement dient und typische Analysen bzw. Berichte aufzählen,
> - den Begriff Betriebskosten-Benchmarking richtig einordnen können.

Die Aufgabe des Immobiliencontrollings ist die Bereitstellung von entscheidungsrelevanten Informationen über alle Phasen des Lebenszyklus der Immobilie und der Prozesse im Immobilienmanagement. Dies erfolgt mit Hilfe eines Planungs-, Kontroll- und Informationsversorgungssystems.

7.1 Informationsversorgung im Objektmanagement

Controllingerkenntnisse sollen dem jeweiligen Adressaten aufbereitet zugeleitet werden. Das Berichtswesen bzw. Reporting im Immobilienmanagement hat den Zweck der Kommunikation und zielgerichteter Steuerung von Informationen zu den Entscheidungsträgern, also dem Objektmanager oder Immobilieneigentümer.

Das Controlling greift dabei auf Standard-, Abweichungs- und Bedarfsberichte als Instrumente des Berichtswesens zurück.

Typische Analysen bzw. Berichte sind: Abrechnungsanalyse von Betriebskosten, Instandhaltungsbericht, Mietrückstandsinterpretation, Vermietungsstand, Fluktuationsanalyse und Budgetüberwachung.

7.2 Betriebskostenkontrolle mit Objektvergleichen (Betriebskosten-Benchmarking)

Es gibt zahlreiche Definitionen zum Benchmarking. Die German Facility Management Association (GEFMA) definiert Benchmarking in Bezug auf Facility Management als Vergleich von Nutzungskosten verschiedener Objekte anhand spezifischer Werte.

Kapitel 7

Eine weitere Definition besagt, dass Benchmarking ein externer Blick auf interne Aktivitäten, Funktionen oder Verfahren ist, um eine Verbesserung der Wirtschaftlichkeit zu erreichen. Benchmarks lassen sich auf jeder Ebene der Organisation, in jedem funktionellen Bereich ermitteln.

Sabisch und Tintelnot („Benchmarking – Weg zu unternehmerischen Spitzenleistungen") fassen die Kerninhalte vieler Definitionen zu einer allgemeingültigen zusammen.

Für sie ist Benchmarking der ständige Prozess des Strebens eines Unternehmens nach Verbesserung seiner Leistungen und nach Wettbewerbsvorteilen durch Orientierung an den jeweiligen Bestleistungen in der Branche oder an anderen Referenzleistungen.

Grundsätzlich wird zwischen dem internen und dem externen Benchmarking unterschieden. Beim internen werden nur Werte aus dem eigenen Unternehmen verglichen, beim externen sind entsprechend die Daten anderer Unternehmen die Basis.

Die Wahl der Vergleichsobjekte ist letztlich entscheidend für die Aussagefähigkeit der Ergebnisse. Beim internen Benchmarking ist die Gefahr geringer, „Äpfel mit Birnen" zu vergleichen, da die Strukturen, Buchungsphilosophien etc. bekannt sind. Ebenso wichtig ist die Datenqualität. Wenn beispielsweise die Quadratmeter Wohnfläche nicht stimmen, machen die quadratmeterbezogenen Kennzahlen keinen Sinn und führen mit zu einer Verfälschung des Gesamtergebnis. Als Faustregel kann gesagt werden, dass die Daten um so besser sind, je intensiver sie im Tagesgeschäft auch für andere Zwecke genutzt werden.

Eine starke Aussagekraft entfaltet das Betriebskosten-Benchmarking im Rahmen von unternehmensübergreifenden Vergleichen, dies im lokalen, regionalen aber auch überregionalen Rahmen.

Eine Arbeitsgruppe aus Vertretern von Verbänden, Wohnungsunternehmen und wohnungswirtschaftlichen Dienstleistern hat unter der Federführung von Prof. Dr. Bach (Hochschule Nürtingen-Geislingen, Studiengang Immobilienwirtschaft) zu diesem Zweck die Geislinger Konvention konzipiert.

Durch eine tiefe Untergliederung des § 2 der Betriebskostenverordnung wird sichergestellt, dass alle Wohnungsunternehmen die ihre Betriebskosten dergestalt buchen, sich unabhängig von der Tiefe ihrer Datenstruktur hier beteiligen können. Mit den führenden wohnungswirtschaftlichen DV-Systemhäusern ist die *Geislinger Konvention* abgestimmt.

Benchmarking hat sich als wichtiges Verfahren etabliert, um aus der enormen Datenvielfalt der Wohnungswirtschaft entscheidungsrelevante Informationen zu entnehmen. Ein flächendeckender Einsatz auch für kleine und mittlere Unternehmen ist keine Zukunftsmusik mehr.

7.3 Planung im Immobiliencontrolling

Unter Planung kann der Versuch der Transformation der Zukunft in die Gegenwart verstanden werden. Es geht darum, Zukunftsszenarien abzuschätzen, um auf veränderte Bedingungen im Vorfeld Einfluss nehmen zu können.

Aus der Sicht der Unternehmensführung ergibt sich aus dem Controlling ein Rückkoppelungseffekt, welcher zu Plankorrekturen und der Einführung von neuen Plan- und Vorgabegrößen führt. Dadurch wird das Controllingsystem ständig angepasst und optimiert.

Im Immobilienmanagement wird die strategische Planung abgedeckt vom Portfoliomanagement sowie der Balanced Scorecard („ausbalanciertes Kennzahlensystem", eine Management-Methode, mit der ein Unternehmen mit Hilfe von wenigen, aber entscheidenden Kennzahlen strategisch, flexibel und effektiv geführt werden soll).

Es sind jedoch keine Instrumente für die operative Planung definiert. Hier können folgende Planungen vorgenommen werden:

(1) Nutzungsplanung

Auf Basis der Mietverträge wird die Nutzungsintensität des Gebäudes festgelegt, die geplanten Einzahlungen werden dokumentiert. Daraus gibt es Antworten auf die Fragen, ob ein Nutzerwechsel stattfindet bzw. welche Flächen vermietet werden.

(2) Betriebsplanung

Hierunter versteht man alle Maßnahmen der Betriebsführung und des Betreibens von Gebäuden nach GEFMA 108. Hier wird definiert, dass die kleine Instandsetzung die Wiederherstellung des Sollzustandes durch Austauschen von Verschleißteilen im Rahmen der Wartung ist, die auf den Gewerbemieter umlegbar sind.

(3) Instandhaltungsplanung

Die Maßnahmen der großen Instandhaltung nach GEFMA 108 sind hier gemeint, es geht um die Wiederherstellung des Sollzustandes durch den

Einbau von Ersatzteilen. Aufgrund der Datenmenge ist es kaum möglich, alle Gewerke in die Instandhaltungsplanung einzubinden. Deshalb sollten im Rahmen der ABC-Analyse die Hauptkostentreiber festgestellt und eingebunden werden. Im Immobilienmanagement sind das im Wesentlichen Heizungs- und Warmwasserversorgung, sanitäre Installationen und Anstricharbeiten. Siehe dazu auch Kapitel 9.1 Instandhaltungsmanagement.

Weiterführende Informationen sind dem Band „Controlling in der Wohnungs- und Immobilienwirtschaft" zu entnehmen.

Literaturempfehlungen
Klaus Homann, Immobiliencontrolling
Helmut Sabisch/Claus Tintelnot, Benchmarking – Weg zu unternehmerischen Spitzenleistungen
Karl-Werner Schulte/Wolfgang Schäfers, Corporate Real Estate Management

Kontrollfragen

1. Was ist unter Benchmarking zu verstehen?
2. Wie wird im Immobilienmanagement die strategische, wie die operative Planung abgedeckt?
3. Was kann unter Planung im Immobiliencontrolling verstanden werden?

8. Facility Management

> **Lernziele**
>
> Nach der Bearbeitung dieses Kapitels sollten Sie
> - das oberste Ziel des Facility Managements kennen,
> - den Begriff Gebäudemanagement innerhalb des Facility Managements einordnen können und die Ziele des Gebäudemanagements aufzeigen,
> - erläutern können, was unter Flächenmanagement zu verstehen ist.

Es existiert derzeit noch keine allgemeingültige Definition zum Facility Management. Es gibt Abweichungen zwischen Ländern, Verbänden und Anbietern aller Art. Unternehmen mit den verschiedensten Kompetenzen wie Bauunternehmen, Gebäudereiniger, Sicherheitsdienstleister bieten ihre Dienste isoliert als Facility Management an.

Die German Facility Management Association (GEFMA) definiert bislang so: „Facility Management ist die Betrachtung, Analyse und Optimierung aller kostenrelevanten Vorgänge rund um ein Gebäude, ein anderes bauliches Objekt oder eine im Unternehmen erbrachte Leistung oder Dienstleistung, die nicht zum Kerngeschäft gehört".

8.1 Ziele des Facility Managements

Das oberste Ziel des Facility Managements ist die Steigerung der Wirtschaftlichkeit, also die Kosten im Verhältnis zum Nutzen. Eine Senkung der Bau- und Bewirtschaftungskosten über den gesamten Bauwerkszyklus wird angestrebt.

Eigentümer, Nutzer und Betreiber haben unterschiedliche Betrachtungsweisen und Ziele hinsichtlich des Facility Management.

Aus Sicht des Betreibers geht es um ein hohes operatives Ergebnis und eine langfristige Ertragssicherung. Beim Eigentümer ist die Erzielung einer hohen Rendite das Ziel, der Nutzer will eine optimale Unterstützung seines Kerngeschäfts. Darunter kann eine hohe Flexibilität, geringe Kosten, gleichbleibende Qualität und ein guter Service verstanden werden.

8.2 Facility Management als Dienstleistung in der Nutzungsphase der Immobilie

Facility Management wird in der Nutzungsphase der Immobilie als Gebäudemanagement bezeichnet. Das Gebäudemanagement umfasst in der Abgrenzung zum Facility Management alle Aktivitäten und Dienstleistungen rund um die Immobilie während der Nutzungsphase.

Diese Nutzungsphase ist die längste und gleichzeitig kostenintensivste Phase im Immobilienlebenszyklus. Neben den Betriebskosten fallen Instandhaltungs- und Instandsetzungskosten an.

Die Ziele des Gebäudemanagements sind:
- Kostenoptimierung in der Nutzungsphase,
- Sicherstellung der Verfügbarkeit,
- Erhaltung der Funktionsfähigkeit der Immobilie und die
- Unterstützung des Kerngeschäfts des Immobiliennutzers.

8.3 Flächenmanagement

Vor dem Hintergrund der meist stetigen Verteuerung der Fläche (durch steigende Mieten bzw. Baukosten) wird die Flächenwirtschaftlichkeit immer bedeutsamer.

Unter Flächenmanagement werden meist die Funktionen verstanden, welche sich mit der Bestandsführung, der Belegung und wirtschaftlichen Nutzung von Flächen beschäftigen.

In der Nutzungsphase ist die Flächenwirtschaftlichkeit von der Nutzungsintensität abhängig. Es wird eine Fläche dann intensiv genutzt, wenn sie optimal ausgelastet ist. Das kann durch den Zeitaspekt (ein Büro wird 14 statt 8 Stunden genutzt) und räumliche Planung (ein Büro wird durch sinnvolle Raumaufteilung von drei statt zwei Mitarbeitern genutzt) gewährleistet werden.

Für den Objektmanager ist das Flächenmonitoring ein interessanter Aspekt. Mit einer Datenbank können aktuelle Belegungsraten dargestellt werden. Häufig scheitert jedoch ein effizientes Flächenmanagement an der nicht ausreichenden Datenbasis.

Dabei muss es nicht nur um Gewerbeimmobilien gehen. Es gilt generell, Mieter bei der Optimierung ihrer Flächen zu beraten und zu versuchen, sie zu binden und ggf. an anderer Stelle in den eigenen Beständen des Unternehmens unterzubringen. Insoweit zeigt das Flächenmonitoring Ansatzpunkte eines Portfoliomanagements.

Das Flächenmonitoring kann in Form periodischer Berichte oder Flächenanalysen erfolgen, aber auch bei spontan angestoßenen Belegungsveränderungen, also bei Mieterwechseln, zur Grundlage der Belegungsplanung werden.

Bei selbstgenutzten Unternehmensimmobilien empfiehlt sich die Einführung von Immobilienverrechnungspreisen bzw. von Mieten, um ein Kostenbewusstsein herbeizuführen oder aufrechtzuerhalten.

8.4 Leerstandsmanagement

In vielen Gegenden Deutschlands wird der angemessene Umgang mit Leerständen immer wichtiger. Die demographische Entwicklung zeigt, dass sich die Problematik nicht von alleine löst. Im Gegenteil, sie wird sogar vielmehr stark zunehmen. Vermieter bzw. Wohnungsunternehmen müssen hier konsequent dagegensteuern. Die typischen Leerstandskosten – neben den Mietausfallkosten selbst – sind meist umfassender und höher als vermutet:

Die Betriebskosten sind zwar hinsichtlich bestimmter Kostenarten niedriger (der variable Anteil bei der Müllgebühr fällt weg, Heizungs- und Wasserverbrauch sinken bzw. tendieren bei letzterem gegen Null, je nach Einzelfall kann die Grundsteuer niedriger angesetzt werden etc.).

Viele Kosten wie Versicherungen oder Gartenpflege bleiben jedoch auf dem früheren Niveau. Bei erheblichem Leerstand kann sogar eine Erhöhung der Versicherungsprämie einhergehen.

Dass die noch vorhandenen Mieter Leerstandskosten mittragen, kann mietvertraglich nicht vereinbart werden. Auch bei festgelegter abwechselnder Treppenhausreinigung oder auch beim Winterdienst muss der Vermieter für die entstehenden Lücken im Kalender Sorge tragen.

Manche Kosten entstehen erst durch den Leerstand: Bewachungs- bzw. Kontrollkosten, Kosten für Besichtigungen, für den Markt erforderliche Umbauten, Revitalisierungsmaßnahmen etc. Neben einem Imageverlust verursachen die anhaltenden Mietausfälle auch für manche Marktteilnehmer eine Existenzbedrohung durch die Einhaltungspflicht einer vereinbarten Mietgarantie.

Die Leerstandsursachen sind zu beeinflussen, wozu notwendigerweise der jeweilige Wohnungsmarkt untersucht werden muß. Von demographischen Hintergründen abgesehen, zählen zu den häufigsten Ursachen: Wohnungen ohne Balkon, Hochhäuser in einem Wohnumfeld

Kapitel 8

mit schlechtem Image, unattraktive bzw. unsanierte Gebäude aber auch schlechte Grundrisse mit beispielsweise innenliegenden Bädern.

Eine individuelle, auf die lokalen Marktverhältnisse zugeschnittene Vorgehensweise gilt es dann zu entwickeln.

Grundsätzlich sollten zur Vermeidung von Leerständen die Beziehung zwischen Vermieter und Mieter gepflegt sowie über Neuvermietungen Leerstände verringert werden. Bei dieser Aufgabe hilft das Marketing-Instrumentarium im Rahmen eines entsprechenden Marketingmix.

Auf der Kommunikationsebene ist ein reger Informationsaustausch mit aktuellen und potentiellen Mietern wichtig. Probleme und Kundenwünsche müssen frühzeitig erkannt werden.

Damit das Wohnklima und durchaus auch das Unternehmens- und Standortimage verbessert wird, sollten beispielsweise das Dienstleistungsangebot erweitert, notwendige Modernisierungsmaßnahmen ausgeführt und ein Beschwerdemanagement eingeführt werden.

Die Preisgestaltung bei der Miete ist begrenzt. Allerdings sind vermehrt Vermietungsversteigerungen im Internet zu beobachten, es gibt dort einige kreative und auf den Einzelfall angepasste Möglichkeiten.

Viele Handlungsmöglichkeiten gibt es beim Dienstleistungsangebot. Die Bandbreite von Leistungen im Servicebereich ist extensiv auszubauen (Sozial- und Pflegedienstleistungen, Umzugsservice, Car-Pool, Concierge-Modell etc.). Mehr Kundennähe ist aufzubauen durch beispielsweise ein Vermietungsbüro, welches als Musterwohnung attraktiv dargestellt sein kann.

Aus Sicht der Wohnungsunternehmen wird sich das Investitionsverhalten an die besonderen Leerstandsursachen anpassen. Das heißt, auf Neubauinvestitionen wird weitgehend verzichtet, die laufende Instandhaltung steht im Interesse der Wohnzufriedenheit im Vordergrund. Ein Schwerpunkt wird im Bereich der Instandsetzung und Modernisierung gesetzt, um zum einen die Vermietbarkeit herzustellen und zum anderen die Wohnqualität auch im Wohnumfeld nachhaltig zu verbessern.

Ferner sind marktorientierte Umbaumaßnahmen im Bestand erforderlich. Durch Wohnungszusammenlegungen können beispielsweise die meist stärker nachgefragten 4-Zimmer-Wohnungen vermietet werden, was bei den 2-Zimmer-Wohnungen regelmäßig schwieriger ist. Auch sind altengerechte Ausstattungen einzubeziehen.

Bei langfristig anhaltenden Mietausfällen sind Entwicklungen von Exit- oder Desinvestitionsstrategien speziell in strukturschwachen Regionen sinnvoll. Es geht hierbei um den Abriss bzw. Rückbau oder einen Verkauf en bloc, wie es immer häufiger zu beobachten ist.

Was offensichtlich sein dürfte, ist beim Leerstandsmanagement die verstärkte Beachtung folgender Bereiche: Rücklagenbildung, Mietschuldenmanagement, soziale Konflikte und Optimierung des Mietermix, gesellschaftliche Veränderungen, Betriebskostenmanagement insbesondere in Sachen Kostentransparenz und Kostensenkung. Den potentiellen Mietern muss dies auch frühzeitig bekanntgemacht werden, nach dem Motto „Tue Gutes und sprich darüber".

Wenn Gewerbeimmobilien vom Leerstand betroffen sind, geht es sehr stark auch um die Abwendung eines Imageverlustes für das Objekt. Neuvermietungen sind erheblich schwieriger durchzuführen, Bestandsmieter verlängern bei Leerständen ihre Verträge auch nicht mehr, so dass sich die Problematik immer mehr verstärkt. Im schlimmsten Falle kündigen sogenannte Magnet- oder Ankermieter ihre Verträge auf bzw. verlängern nicht mehr. Mieterbindungsaktionen sind also von vornherein angesagt.

Literaturempfehlungen
Michaela Hellerforth, Facility Management: Immobilien optimal verwalten
Michaela Hellerforth, Handbuch Facility Management für Immobilienunternehmen
Hanspeter Gondring, Immobilienwirtschaft
Karl-Werner Schulte, Wolfgang Schäfers, Corporate Real Estate Management

Kontrollfragen

1. Welche Bedeutung hat die Nutzungsphase im Lebenszyklus der Immobilie?
2. Nennen Sie drei Ziele des Gebäudemanagements.
3. Wie kann grundsätzlich eine Fläche optimal genutzt werden?
4. Wie kann gegen die Leerstandsproblematik vorgegangen werden?

9. Technische Bewirtschaftung

> **Lernziele**
>
> Nach dem Durchlesen dieses Kapitels sollten Sie
> - die drei grundsätzlichen Strategien beim Instandsetzungsmanagement erläutern können,
> - erkennen, warum eine angemessene Bestandserfassung von großer Wichtigkeit ist,
> - die Heizkostenverordnung und deren Auswirkungen kennen und wissen, was bei der Heizkostenabrechnung zu beachten ist,
> - wissen, welche Unterschiede es beim Energieausweis gibt und was für positive Aspekte der Energieausweis mit sich bringt,
> - die Trinkwasserverordnung als für den Immobilieneigentümer und Verwalter wichtige Vorschrift einschätzen können,
> - das Prinzip des Wärmecontractings verstanden haben.

9.1 Instandhaltungsmanagement

Das Ziel des Instandhaltungsmanagements ist es, die „geplante Instandhaltung" als systematisches und kontinuierliches Konzept einzusetzen. Die Instandhaltung soll die Verfügbarkeit von Flächen sicherstellen, Ausfallkosten aufgrund von technischen Mängeln oder Gebäudemängeln sollen so gering wie möglich gehalten werden. Eine Wert- und Substanzerhaltung des Objekts wird angestrebt.

9.1.1 Begriffsabgrenzungen

In diesem Bereich gibt es von den Begrifflichkeiten immer wieder Unklarheiten. Es bestehen Widersprüche zwischen der Wertermittlungsverordnung, der II. Berechnungsverordnung, zwischen DIN-Vorschriften sowie ferner auch VDI-Richtlinien.

(1) Instandhaltung

Instandhaltung ist nach DIN 31051 ein Überbegriff, der folgende Einzelleistungen umfasst: Wartung, Inspektion, Instandsetzung.

(2) Instandsetzung

Definition nach DIN 31051: Maßnahmen zur Wiederherstellung des Sollzustandes von technischen Mitteln eines Systems.

In der Wohnungswirtschaft zählen dazu Maßnahmen zur Beseitigung größerer baulicher Schäden und Mängel, die durch Alterung, Abnutzung, Unterlassung der laufenden Instandhaltung oder durch Einwirkung Dritter entstanden sind.

Beispiel: Ein nach 20 Jahren undichtes Flachdach wird saniert.

(3) Wartung

Definition nach DIN 31051: Maßnahmen zur Bewahrung des Sollzustandes von technischen Mitteln eines Systems, in Intervallen oder bei Bedarf.

Beispiel: Die jährliche Heizungswartung wird durchgeführt.

(4) Inspektion

Definition nach DIN 31051: Maßnahmen zur Feststellung und Beurteilung des Istzustandes von technischen Mitteln eines Systems.

Beispiel: Ein Rolltor wird überprüft, ob es sich noch in einem funktionsfähigen Zustand befindet.

(5) Modernisierung

Definition nach z.B. § 11 Abs. 6 II. BV: ...bauliche Maßnahmen, die den Gebrauchswert der Mietsache nachhaltig erhöhen, die allgemeinen Wohnverhältnisse auf die Dauer verbessern oder nachhaltig Einsparungen von Heizenergie oder Wasser bewirken...

Beispiel: Der Außenputz wird durch Wärmedämmputz ersetzt.

Modernisierungsmaßnahmen gehen also über das technisch notwendige hinaus. Unter *Sanierung* werden im Übrigen vollständige Instandsetzungsmaßnahmen verstanden, manchmal jedoch auch umfassende Modernisierungen.

Die Begriffe Instandsetzung und Modernisierung können häufig nicht genau abgegrenzt werden, insbesondere bei der Mieterhöhung nach § 559 BGB: Instandsetzungsmaßnahmen sind bei der Wohnungsmiete nicht umlegbar (Gewerbemiete: je nach vertraglicher Regelung). Bei Modernisierungsarbeiten hingegen kann der Eigentümer grundsätzlich die Miete erhöhen, und zwar mit 11% der Kosten der Modernisierungsmaßnahme.

Probleme ergeben sich beispielsweise, wenn aufgestaute Instandsetzungsarbeiten mit der Modernisierung durchgeführt werden.

Beim Wohnungseigentum ist insbesondere zu berücksichtigen:

Über die Durchführung der Instandsetzung entscheiden die Wohnungseigentümer in der Versammlung mit einfacher Mehrheit. Sollte eine erforderliche Maßnahme nicht zustandekommen, so kann jeder Eigentümer per Gericht einen Antrag zur Durchführung stellen.

Oft hat der WEG-Verwalter die Befugnis, bis zu einem bestimmten Betrag erforderliche Maßnahmen auch ohne Beschluss durchführen zu lassen, im Regelfall nach Absprache mit dem Beirat. Eine langfristige Planung ist erforderlich, nicht zuletzt durch die hohe Lebenserwartung eines Gebäudes (ca. 100 Jahre).

Häufig kommt es bei Eigentümern zu Konflikten bei der Abgrenzung der modernisierenden Instandsetzung zur baulichen Veränderung. Hier ist grundsätzlich der Einzelfall zu berücksichtigen.

9.1.2 Strategien beim Instandhaltungsmanagement

In der Literatur wird von drei Strategien gesprochen: die Feuerwehrstrategie (auch Abwarte-, Ausfall- oder Korrektivstrategie genannt), die Vorbeugestrategie (bzw. Präventivstrategie) und die Zustandsstrategie (On-Condition-Strategie).

Bei der *Feuerwehrstrategie* wird ein Schadensereignis oder die Unterschreitung einer geforderten Minimalleistung abgewartet. Es werden also keine vorbeugenden Maßnahmen durchgeführt, damit treten Störungen oft und unkontrolliert auf. An sich ist dies keine Strategie, sondern das Ergebnis eines Vorgehens mit System. Gründe sind meist fehlende Informationen hinsichtlich der Immobilienbestände. Oft sind auch die zur Verfügung stehenden Mittel so knapp, dass es vorerst nur für die Behebung akuter Schäden reicht. Häufig vernachlässigt werden Instandhaltungen bei Fenstern und Dächern. Vor allem bei letzterem scheint vielen WEG-Verwaltern der BGH-Beschluss vom 23.3.1993 (VI ZR 176/92) unbekannt zu sein, dass die regelmäßige Dachbegehung durch Fachleute eine Verwalterpflicht ist.

Diese Feuerwehrstrategie verschiebt eine Planung der Instandhaltung bzw. unterbindet sie ganz. Das Ergebnis ist ein weiter fortschreitender Substanzverlust, obwohl ein hoher Mittel- und Ressourceneinsatz vonstatten geht.

Kapitel 9

Bei der *Vorbeugungsstrategie* wird versucht, einem Ausfall oder der Unterschreitung einer geforderten Minimalleistung vorzubeugen. Der Eintritt des Ereignisses soll vermieden werden. Ausbau- bzw. Austauschzeitpunkte werden festgelegt, unabhängig von dem tatsächlichen Zustand. Diese Strategie macht nur Sinn, wenn die möglichen Folgeschäden höher sind als der Restnutzen der ausgebauten Teile. Beispiel: Es werden alle 6 Monate sämtliche Leuchtmittel im Galeriebereich erneuert, wenn hier zur Fensterreinigung spezielle Leitern aufgestellt werden. Ein ständiger Austausch von defekten Leuchtmitteln wäre deutlich aufwendiger. Oder wenn die Aufzugstechnik auf dem Flachdach ausgetauscht wird, kann dieses gleich mit saniert werden, da im Zusammenhang der Aufzugserneuerung das Risiko einer Beschädigung des Daches besteht.

Im Immobilienbereich erscheint grundsätzlich eine nur auf mittleren Lebensdauerdaten von Bauteilen beruhende Instandhaltungsplanung nicht praktikabel. Deshalb wird als Weiterentwicklung der Vorbeugestrategie die Inspektionsstrategie gesehen. Es werden hier mit Hilfe von Inspektionsergebnissen Instandsetzungsmaßnahmen geplant, die Voraussetzung hierfür ist ein Immobiliencontrolling (vgl. Kapitel 7).

Das Ziel der *Zustandsstrategie* ist es, die Nachteile der beiden angeführten Strategien zu vermeiden. Sie soll zur kostenoptimalen und flexiblen Instandhaltungsstrategie mit einer Kombination der verschiedenen Methoden eingesetzt werden. Es wird die Frage gestellt: Was passiert bei einem Ausfall der Anlage?

Die Zustandsstrategie setzt eine Ursachenforschung inbesondere bei immer wieder auftretenden Mängeln voraus. Schließlich gibt es Ursachen, die in der Planungs- und Ausführungsphase begründet sind und nicht in der Nutzungsphase. Die gewonnenen Erkenntnisse sollen bei Neubauprojekten oder beim Redevelopment berücksichtigt werden. So beispielsweise den Einsatz von falschen Materialien, falschen Bemessungen.

Kenntnisse über Art und Umfang der Gebäudeteile müssen bei dieser Strategie vorliegen. Eine Bestandserfassung muss demnach gegeben sein.

Sinnvoll erscheint der Einsatz von verschiedenen Strategien je nach Gewerk. Bei sicherheitsrelevanten Anlagen (z.B. Rauchabzugsanlagen) kann es nur eine vorbeugende Instandhaltung geben. Für Leuchtmittel im Erdgeschossbereich oder im Radius einer kleinen Leiter wird kaum jemand einen vorbeugenden Instandhaltungsplan entwerfen. Hier ist die Feuerwehrstrategie nicht nur ausreichend, sondern vielmehr richtig.

Ab und zu werden Instandhaltungsmaßnahmen vorzeitig durchgeführt, um Zuschüsse und/oder steuerliche Vergünstigungen zu erhalten, teilweise auch zur Gewinnglättung.

9.1.3 Bestandserfassung

Bestandsdaten über die instandzuhaltenden Gebäude sind eine Grundvoraussetzung für das weitere Vorgehen. Wegen der Heterogenität von Gebäuden muss die Planung der Instandhaltung objektorientiert erfolgen. Es müssen daher für jedes Objekt die elementaren Stammdaten vorliegen.

Die Bestandserfassung ist die Basis für ein Portfoliomanagement, die mittelfristige Finanzplanung und die mittel- und auch langfristige Instandhaltungsplanung.

Davon abgesehen liegt es auf der Hand, dass ohne Bestandserfassung Mehrfacharbeiten und meist auch mehr oder weniger unkoordinierte Suchaktionen anfallen. Die dadurch entstehenden Kosten sind vermeidbar. Auch seitens der Kunden und Geschäftspartner ist es angenehmer, wenn von einer Fragestellung bis zur Beantwortung nicht mehrere Tage vergehen müssen.

In einer Immobiliendatenbank können unter anderem folgende Dateien geführt werden:

(1) Gebäudedatei

Hier werden genaue Angaben über das Gebäude geführt, auch hinsichtlich Instandhaltung, Wartung etc. Im Einzelnen kann dazu gehören:
- Baujahr,
- Umbau- bzw. Renovierungsjahre,
- technische Eigenschaften (Wärme- und Schallisolierung etc.),
- Installationspläne (Gas, Wasser, Klima, Heizung, Telefon, Be- und Entlüftung),
- Instandhaltungs- und Wartungsdaten,
- baurechtliche Daten (Grundflächen- oder Geschossflächenzahl etc.),
- Statik (vor allem hinsichtlich der Deckenbelastbarkeit),
- verwendete Materialien, Maße, Architektur.

(2) Raumdatei

In die Raumdatei können folgende Informationen eingebracht werden:
- Ausstattungsdaten (Material der Fußböden, Türen, Heizkörper, Einbauten etc.),

- Identifikationsdaten (Gebäude- und Raumnummer, Raumarten, Lagekennzeichnung etc.),
- technische Daten (Fenster mit Anzahl, Anschlüsse für TV, Heizung, Datenübertragung, Beleuchtung etc.),
- Reparaturdaten.

(3) Flächennutzungsdatei

Daraus geht hervor, wie eine Fläche von wem für wie lange genutzt wird. Alternative Nutzungsmöglichkeiten sind aufzunehmen, auch mit welchem Aufwand die Nutzungsänderung herbeigeführt werden kann.

Ferner können auch Kostendateien, Ausstattungsdateien, Installationsdateien, Raumplanungsdateien etc. geführt werden, je nach Objektstruktur und Planung der Entscheidungsträger. Bedacht werden muss, dass die Daten gepflegt werden müssen und die Daten für alle relevanten Personen zugänglich sein sollten.

9.2 Energie- und Umweltmanagement

9.2.1 Wärmecontracting

Von Wärmecontracting spricht man, wenn die Heizanlage integrierter Bestandteil des Gebäudes ist, zu dessen ausschließlicher Wärmeversorgung die Anlage errichtet und nach wie vor bestimmt ist und die Anlage nicht vom Vermieter, sondern von einem Dritten im eigenen Namen und auf eigene Rechnung betrieben wird. Zum Entgelt für die Wärmelieferung zählen die kompletten vom Betreiber der Anlage berechneten Kosten einschließlich der darin enthaltenen Investitions- und Verwaltungskosten und auch der Unternehmergewinn des Betreibers (BGH, NZM 2003, 757).

Ein Dienstleister, hier der *Contractor*, errichtet neue oder übernimmt bestehende Heizanlagen. Bei der Übernahme von bestehenden Anlagen werden bei Bedarf Modernisierungsarbeiten vorgenommen.

Der Contractor übernimmt die mit der Energieversorgung anfallenden Aufgaben wie Konzeption, Planung, Finanzierung, Bauausführung, Primärenergiebezug, Bedienung, Wartung, Inspektion, Instandsetzung, Störungsdienst bis hin zur Abrechnung mit dem Kunden.

Da der Contractor auch die Finanzierung übernimmt, benötigt der Eigentümer (Contractingnehmer) kein eigenes Kapital, um seine Heizanlage zu errichten, zu modernisieren oder zu sanieren bzw. die Energiekostenreduzierung zu realisieren.

Der Eigentümer der Immobilie zahlt einen bestimmten jährlichen Festbetrag, der Endabnehmer zahlt für die verbrauchten Wärmeeinheiten. Je nach Objekt und Nutzeranspruch kann Energiecontracting unterschiedliche technische und vertragliche Ausprägungen haben. Ziel ist die möglichst weitreichende Entlastung des Kunden von allen Fragen im Bereich der Energieversorgung in Verbindung mit der preislichen Attraktivität des Endproduktes.

Neben ökonomischen Effekten werden durch die Optimierungsmaßnahmen des Contractors regelmäßig auch Umweltentlastungen herbeigeführt.

Die Vorteile des Contractingnehmers sind:
- Konzentration auf das Kerngeschäft durch den Wegfall von Betreibungs-, Wartungs-, Instandhaltungs- und Abrechnungstätigkeiten.
- Effizienzsteigerung.
- Höhere Kostensicherheit durch feststehende Energiepreise.
- Kein Kapital notwendig für Errichtung, Modernisierung bzw. Sanierung der Energieerzeugungsanlage.

Die Contractingkosten sind als Kosten der gewerblichen Wärmelieferung im Sinne der Heizkostenverordnung nach gesetzlicher Maßgabe und Mietvertragslage grundsätzlich umlagefähig. Sind in den Kosten der Fremdlieferung allerdings weitere Kosten enthalten (Kapital- und Instandhaltungskosten, Unternehmensgewinn, Abschreibung, etc.), können diese auf den Mieter nur dann umgelegt werden, wenn der Mieter zustimmt oder der Mietvertrag eine ausdrückliche Regelung enthält. In jedem Falle sind Konflikte vorprogrammiert, wenn die Wärmeversorgung für die Mieter im Gesamtkostenvergleich teurer wird. Daher ist in jedem Einzelfall eine genaue Bewertung notwendig. Auch das Transparenzgebot kann bei der Heizkostenabrechnung zu Problemen führen.

Es gibt Contractoren, bei denen ca. 100 Wohneinheiten als Minimum für ein wirtschaftlich lohnendes Contracting gelten. Viele Anbieter setzen jedoch eine deutlich niedrigere Mindestgrenze an. Die Vertragsdauer wird meist zwischen 10 und 20 Jahren festgelegt.

9.2.2 Energieausweis für Gebäude

Im Wohnbereich stellen die Heizkosten den größten Anteil an den Betriebskosten. In Deutschland wird bisher laut der Deutschen Energie-Agentur (dena) ein Drittel des gesamten Primärenergieverbrauchs für die Raumheizung und Warmwasserbereitung aufgewendet.

Kapitel 9

Käufer oder Mieter wissen nur wenig über den Energiebedarf von Wohnungen und Häusern, im Gegensatz zu Autos oder Haushaltsgeräten. Objektive Informationen sind Mangelware, es fehlen Vergleichsmaßstäbe.

Mit der Energieeinsparverordnung (EnEV) wird die pflichtweise Einführung von Energieausweisen für den Gebäudebestand geregelt, dies schrittweise ab dem 1.7.2008. Immobilieneigentümer sollen zur energetischen Modernisierung der Gebäude motiviert werden. Der Energiebedarf von Gebäuden soll reduziert und die dadurch bedingten CO_2-Emissionen gesenkt werden. Der Immobilienmarkt soll auch transparenter werden, es soll verstärkt nach energetisch sanierten Objekten nachgefragt werden.

Bei Neuvermietungen oder dem Verkauf einer Wohnung bzw. eines Wohngebäudes muss ein Energieausweis zugänglich gemacht werden. Die Energieausweise gelten zehn Jahre ab dem Ausstellungsdatum. Die EnEV 2007 unterscheidet zwischen bedarfs- und verbrauchsorientierten Energieausweisen („Energieausweisen auf Grundlage des berechneten Energiebedarfs" bzw. „Energieausweisen auf Grundlage des erfassten Energieverbrauchs").

Welcher dieser inhaltlich und kostenmäßig sehr unterschiedlichen Ausweise bei Wohngebäuden jeweils verwendet wird, hängt von der Größe, dem Baujahr und der energetischen Qualität des Wohngebäudes ab. Der bedarfsorientierte Energieausweis ist in jedem Fall möglich. Pflicht ist er bei unsanierten Gebäuden mit bis zu vier Wohnungen, die älter als 30 Jahre alt sind.

Bei anderen Gebäuden genügt der verbrauchsorientierte Ausweis. Dessen Aussagekraft ist jedoch recht umstritten. Allerdings dürfte zu erwarten sein, dass je „grüner" ein Objekt angeboten werden kann, desto mehr Miete durchsetzbar sein wird (die Skala geht vom Optimalwert Grün bis zum mangelhaften Rot).

Sanierungen können sich dann für den Vermieter als durchaus nutzenstiftend erweisen.

In Immobilienanzeigen soll künftig so selbstverständlich mit der Energieeffizienz geworben werden, wie es bei Kühlschränken und Waschmaschinen längst Praxis ist.

Wer den Ausweis mit welcher baufachlichen Qualifikation ausstellen darf, wird in § 21 EnEV bestimmt, wobei die Ausstellungsberechtigung landesrechtlich geregelt wird.

Der Energieausweis informiert über den energetischen Zustand eines Gebäudes, er ist jedoch kein rechtswirksames Dokument. Der Eigentümer ist nicht zur Sanierung verpflichtet, um etwa neue Fenster einzubauen oder die Wärmedämmung zu verbessern. Auch können sich Käufer oder Mieter nicht auf den Energieausweis berufen, falls der tatsächliche Verbrauch von den ausgewiesenen Werten abweicht, um nachträglich den Kaufpreis oder die Miete zu mindern.

Vermieter sind nicht verpflichtet, für die Bestandsmieter einen Energieausweis erstellen zu lassen oder eine Einsicht in vorhandene Ausweise zu gewähren. Dennoch kann es aus Kundenbindungsgründen sinnvoll sein, den Bestandsmietern den Ausweis zugänglich zu machen.

Die Kosten für die Erstellung des Ausweises sind keine Betriebskosten, sie können also grundsätzlich nicht auf die Mieter umgelegt werden.

Über den bedarfsorientierten Energieausweis werden Vermieter bzw. Verwalter künftig mit Sachverhalten konfrontiert, welche in den meisten Fällen auch bisher schon aus Gründen der Wirtschaftlichkeit untersucht gehören.

Als Beispiele aus der täglichen Praxis können hier aufgezählt werden: veraltete Umwälzpumpen mit viel zu hohem Stromverbrauch; überdimensionierte oder gar überzählige Heizkessel und Wasserspeicher; unisolierte Kellerdecken; dünnwandige Rolladenkästen; Heizkörper in Nischen vor ungedämmtem Mauerwerk; miserabel abgedichtete Dächer und Fenster.

9.2.3 Trinkwasserverordnung

Am 1.1.2003 ist eine neue, vollständig überarbeitete Trinkwasserverordnung auf der Grundlage des Infektionsschutzgesetzes in Umsetzung von EU-Recht in Kraft getreten. Mit ihr sind vielfältige Änderungen auch in den Pflichten der Betreiber bzw. Inhaber von Wasserversorgungsanlagen verbunden.

Insbesondere den Hausinstallationen wurde mit der neuen Verordnung mehr Aufmerksamkeit geschenkt. So wurde zum Beispiel der Grenzwert für Blei von 0,04 mg/l ab dem 1.12.2003 auf 0,025 mg/l und ab dem 1.1.2013 auf 0,01 mg/l abgesenkt. Neu ist die Definition des Wassers für den menschlichen Gebrauch. Danach ist beispielsweise das Wasser für die Körper- und Wäschereinigung als Trinkwasser einzustufen.

Die wichtigsten Änderungen durch die neue Trinkwasserverordnung (TrinkwV):

Kapitel 9

(1) Besondere Anzeige- und Handlungspflichten bei Hausinstallationen

Wenn dem Unternehmer bzw. Inhaber einer Wasserversorgungsanlage bekannt wird, dass das Wasser in der Hausinstallation nicht den Anforderungen der Trinkwasserverordnung entspricht, ist unverzüglich die Ursache zu ermitteln, und Maßnahmen zur Abhilfe zu ergreifen. Das Gesundheitsamt ist unverzüglich darüber zu unterrichten (§ 16 Abs. 3 TrinkwV).

(2) Anzeigepflicht für Wasserversorgungsanlagen

Es besteht eine Anzeigepflicht des Unternehmers bzw. Inhabers einer Wasserversorgungsanlage (außer bei Anlagen der Hausinstallation, siehe nächster Absatz).

Die Anzeige hat gegenüber dem Gesundheitsamt bei Errichtung, Erst- und Wiederinbetriebnahme, bei Vornahme wesentlicher baulicher und betriebstechnischer Änderungen mit Auswirkungen auf die Qualität des Trinkwassers zu erfolgen. Dies gilt auch bei einem Wechsel der Eigentumsverhältnisse oder der Nutzungsrechte der Anlage (§ 13 Abs. 1 TrinkwV).

(3) Anzeigepflicht bei Anlagen der Hausinstallation, aus denen Wasser an die Öffentlichkeit abgegeben wird

Es besteht eine Anzeigepflicht des Unternehmers bzw. Inhabers einer Wasserversorgungsanlage (Hausinstallation), aus der Wasser für die Öffentlichkeit bereitgestellt wird. Die Anzeige hat gegenüber dem Gesundheitsamt bei Errichtung, Erst- und Wiederinbetriebnahme, bei Vornahme wesentlicher baulicher und betriebstechnischer Änderungen mit Auswirkungen auf die Qualität des Trinkwassers zu erfolgen. Dies gilt auch bei Wechsel der Eigentumsverhältnisse oder der Nutzungsrechte der Anlage.

Zu den von dieser Regelung betroffenen Einrichtungen zählen insbesondere Krankenhäuser, Schulen, Altenheime, Altenpflegeheime, Kindergärten, Kinder- und Jugendheime, Asylantenheime, Unterkünfte für Obdachlose, Behindertenheime, Campingplätze, Hotels, Ferien- und Schullandheime, Jugendgästehäuser und Herbergen, Großkantinen, Großküchen, Schwimmbäder, Sportanlagen, Turnhallen, Fitnesseinrichtungen, Saunen, Hafenanlagen und gastronomische Betriebe (§ 13 Abs. 2 TrinkwV).

9.2.4 Heizkostenverordnung und Heizkostenabrechnung

Die Heizkostenverordnung (Verordnung über die verbrauchsabhängige Abrechnung der Heiz- und Warmwasserkosten – HeizkostenV) vom

Kapitel 9

20.1.1989 regelt die Verteilung der Kosten für die erzeugte Wärme auf einzelne Raumbereiche oder Wohnungen. Damit sind diese Regelungen sowohl von WEG- als auch Mietverwaltern zu beachten.

Die §§ 7 und 8 der Heizkostenverordnung lassen eine Bandbreite hinsichtlich der Kostenverteilung zu. Mindestens 50 und höchstens 70% der Kosten sind nach dem erfassten Verbrauch der Nutzer zu verteilen, der Rest ist nach der Wohn- oder Nutzfläche oder dem umbauten Raum zu verteilen.

Meistens wird ein Schlüssel von 50:50 oder 60:40 gewählt, so die führenden Wärmedienstleister.

Lediglich Zweifamilienhäuser sind nicht an die Heizkostenverordnung gebunden, sofern eine von den beiden Wohnungen vom Hauseigentümer selbst bewohnt ist. Beim Zweifamilienhaus mit zwei Mietparteien ist nach Verbrauch abzurechnen.

Für die Jahresabrechnung von Wohnungseigentümergemeinschaften stellen die Vorschriften der Heizkostenverordnung einen Eingriff in das System der Einnahmen-Ausgaben-Abrechnung dar. Der zwingende Charakter der Heizkostenverordnung bedingt, dass die Kosten des Verbrauchs periodengerecht abzugrenzen sind. Je nach Art der Beheizungsanlage ist die Abgrenzung unterschiedlich vorzunehmen.

Der Wert des nicht verbrauchten Heizöls ist demnach als aktiver Rechnungsabgrenzungsposten zu behandeln, wobei die Bewertung zu den Kosten der letzten Lieferung(en) erfolgt, nach dem Prinzip „First-in-First-out".

Insbesondere kommunale Energieversorger praktizieren normalerweise eine jährliche Abrechnung auf Abschlagbasis. Erfolgt diese zum Jahreswechsel, ist der Abrechnungssaldo, dessen Fälligkeit im Folgejahr liegt, abzugrenzen. Je nach Ergebnis der Jahresabrechnung (Guthaben oder Nachzahlung) ist eine Forderung oder eine Verbindlichkeit auszuweisen.

Die Heizkostenverordnung ist hinsichtlich der Verbrauchserfassung und der Heizkostenverteilung vorrangig gegenüber der Teilungserklärung und auch gegenüber § 16 WEG.

Die Ermächtigung für einen so weitgehenden Eingriff in das Wohnungseigentumsrecht ist durch § 5 Abs. 4 Energieeinsparungsgesetz gegeben. Normalerweise hat eine Verordnung keinen Vorrang vor einem Gesetz.

9.2.4.1 Kostenverteilung

Als Sondervorschrift erlaubt § 10 der HeizkostenV die Festlegung eines höheren Prozentsatzes für den verbrauchsabhängig abzurechnenden Kostenanteil. Für Wohnungseigentümergemeinschaften kann eine solche Regelung durch Vereinbarung festgelegt werden. Sieht die Gemeinschaftsordnung keine Bestimmungen zur Kostenverteilung im Rahmen der Heizkostenabrechnung vor, so kann der Prozentsatz der verbrauchsabhängig abzurechnenden HeizkostenV durch Beschluss nur in den Grenzen des § 7 Abs. 1 HeizkostenV festgelegt werden, also zwischen 50 und 70 %.

Die Wahl eines möglichst hohen Anteils verbrauchsabhängig abzurechnender Kosten wird gerne mit dem dadurch höheren Anreiz zur Energieeinsparung begründet bzw. mit dem Verweis auf das Verursacherprinzip. Allerdings wird häufig nicht beachtet, dass ein nicht beeinflussbarer Fixkostenanteil durch Wärmeverluste, Bereitstellungskosten etc. entsteht.

In § 7 Abs. 2 Heizkostenverordnung sind die Kosten des Betriebs der Zentralheizungsanlage abschließend aufgeführt. Hierzu gehören die Kosten des verbrauchten Brennstoffs und der Lieferung, die Kosten des Betriebsstroms, die Kosten der Bedienung und Überwachung und Pflege der Anlage, der regelmäßigen Prüfung ihrer Betriebsbereitschaft und Betriebssicherheit einschließlich der Einstellung durch einen Fachmann, der Reinigung der Anlage und des Betriebsraums, die Kosten der Messungen nach dem Bundes-Immissionsschutzgesetz, die Kosten der Anmietung oder anderer Arten der Gebrauchsüberlassung einer Ausstattung zur Verbrauchserfassung sowie die Kosten der Verwendung einer Ausstattung zur Verbrauchserfassung einschließlich der Kosten der Berechnung und Aufteilung.

Für die Verteilung der Warmwasserkosten schreibt § 8 Abs. 1 HeizkostenV die gleichen Prozentsätze bezüglich des verbrauchsabhängig abzurechnenden Anteils vor. Der wesentliche Unterschied zur Verteilung der Heizkosten besteht darin, dass als Verteilungsmaßstab für die Grundkosten der umbaute Raum ausscheidet.

9.2.4.2 Verbrauchsschätzung

Wenn kein Nutzerwechsel stattfand, bietet es sich an, dass der Vorjahresverbrauchs derselben Wohnung zugrundegelegt wird. Die Wärmedienstunternehmen berücksichtigen hier regelmäßig die Gesamtverbrauchstendenz des Objekts, um nicht Verbräuche einer Heizperiode zugrunde zu legen, die mit der aktuellen aus Witterungsgründen nicht vergleichbar ist.

Sollte ein Nutzerwechsel stattgefunden haben, ist als Ersatzkriterium der Verbrauch vergleichbarer anderer Räume im aktuellen Abrechnungszeitraum anzusetzen. In einem vereinfachten Verfahren kann das die Zugrundelegung des Durchschnittsverbrauchs pro m^2 (beheizbarer) Wohnfläche sein. Bei größeren Wohnanlagen mit standardisierten Wohnungstypen führt der Ansatz des Durchschnittsverbrauchs tatsächlich vergleichbarer Wohnungen (Art, Größe und Lage) zu einem besseren Schätzergebnis.

Je nach installierten Erfassungsgeräten ist bei Nichtzugänglichkeit der Wohnung am Ablesetag auch im Folgejahr eine Schätzung durchzuführen.

Das gilt vor allem bei der Ausstattung mit Heizkostenverteilern nach dem Verdunstungsprinzip. Hier ist die Auflösung der Skala nur für ein Jahr ausgelegt. Häufig wird die erforderliche Verbrauchsschätzung für das zweite Jahr nach dem Durchschnittsverbrauch der Liegenschaft vorgenommen.

Bei Ausstattung mit Wärmemengenzählern kann der Verbrauch in dem auf die Schätzung folgenden Jahr durch eine Differenzrechnung ermittelt werden.

Bei wiederholter Nichtzugänglichkeit der Wohnung zur Ablesung wird häufig gefordert, den betreffenden Nutzer durch eine stark nach oben tendierende Schätzung zu bestrafen. Gängige Verfahren sind die Schätzung nach dem höchsten gemessenen Verbrauch einer vergleichbaren Wohnung oder einem prozentualen Aufschlag (25 oder 50 %) auf den Durchschnittsverbrauch vergleichbarer Wohnungen. Rechtsvorschriften hierzu gibt es nicht.

9.2.4.3 Kaltwasserkosten in der Heizkostenabrechnung

Für die verbrauchsabhängige Abrechnung von Kaltwasserkosten gibt es noch keine gesonderte Verordnung. In den meisten Bundesländern ist der Einbau von Kaltwasserzählern zumindest in Neubauten per Landesbauordnung vorgeschrieben. In älteren Objekten werden Kaltwasserzähler zur verbrauchsabhängigen Abrechnung von Frischwasserkosten und Schmutzwassergebühren immer häufiger nachgerüstet, in Hamburg ist es bereits Vorschrift.

Kapitel 9

Der BGH (Beschluss vom 25.9.2003, V ZB 21/03) sagt zum Einbau von Kaltwasserzählern, dass die Kosten der Wasserversorgung der Sondereigentumseinheiten einschließlich der Kosten der Abwasserversorgung nicht zu den in § 16 Abs. 2 WEG geregelten Lasten und Kosten des gemeinschaftlichen Eigentums gehören. Somit hat die Eigentümergemeinschaft eine so genannte Beschlusskompetenz im Hinblick auf eine verbrauchsabhängige Verteilung der Kaltwasserkosten. Laut BGH entspricht die Einführung einer verbrauchsabhängigen Abrechnung der Kaltwasserkosten grundsätzlich ordnungsmäßiger Verwaltung.

Damit, aber auch durch die Bestimmungen der WEG-Novelle zum 1.7.2007, kann die Einführung der verbrauchsabhängigen Kaltwasserkosten grundsätzlich per Mehrheitsbeschluss erfolgen, wenn nicht schon durch Vereinbarung eine Regelung getroffen ist. Die Wohnungseigentümer haben bei ihrer Entscheidung jedoch einen Ermessensspielraum, der es ihnen ermöglicht, alle für und gegen eine verbrauchsabhängige Abrechnung sprechenden Umstände abzuwägen.

Ein weiterer wichtiger Aspekt dieser Entscheidung betrifft die umstrittene Frage, ob der Einbau von Kaltwasserzählern in die einzelnen Sondereigentumseinheiten eine bauliche Veränderung darstellt. Hierzu hat der BGH entschieden (a.a.O.), dass immer dann, wenn der Einbau von Kaltwasserzählern zur Umsetzung einer beschlossenen oder vereinbarten verbrauchsabhängigen Verteilung der Wasserkosten erfolgt, keine bauliche Veränderung vorliegt. Es handelt sich vielmehr um eine Maßnahme ordnungsmäßiger Verwaltung, über die mehrheitlich beschlossen werden darf.

9.2.4.4 Erfassungsgeräte

(1) Technische Unterschiede

Der Gebäudeeigentümer hat nach § 4 Abs. 2 der Heizkostenverordnung die Räume mit Ausstattungen zur Verbrauchserfassung auszustatten. Die Verbrauchserfassung kann über Heizkostenverteiler (Verdunstungsprinzip oder elektronisch) oder Wärmemengenzähler erfolgen.

Der höheren Genauigkeit von Wärmemengenzählern stehen hohe Kosten gegenüber. Vorteilhaft ist neben der Messgenauigkeit, dass durch Wärmemengenzähler eine Messung echter Verbrauchseinheiten (kWh) stattfindet. Durch den Vergleich der Summe der in den Wohnungen gemessenen Verbräuche mit den eingesetzten Brennstoffmengen ist eine Analyse des Wirkungsgrads der Heizungsanlage möglich.

Heizkostenverteiler geben dagegen nur Verrechnungseinheiten wieder, das sind die Heizkosten-Einheiten oder abgelesene Striche der Verdunstungsflüssigkeit.

(2) Kauf oder Miete der Erfassungsgeräte

Beim Gerätekauf sind die Kosten in einer Eigentümergemeinschaft so zu verteilen, wie die übrigen Verwaltungskosten, also nach § 16 WEG oder einer abweichenden Vereinbarung. Zur Weitergabe der Kosten an Mieter gilt, dass die Anschaffungskosten für die Geräte im Wege einer Mieterhöhung umlagefähig sind. Für den frei finanzierten Wohnungsbau gilt § 559 BGB mit 11 % der für die Wohnung aufgewendeten Kosten, im preisgebundenen Wohnraum gilt analog § 6 Neubaumietenverordnung in Verbindung mit § 11 II. BV.

Wegen einem relativ aufwendigen Mieterhöhungsverlangen wird meist die Anmietung der Geräte vom Wärmedienstunternehmen bevorzugt. Zu beachten ist, dass die Mieter von dieser Maßnahme mit dem Hinweis auf die entstehenden Kosten unterrichtet werden müssen. Spricht sich die Mehrheit der Mieter einer Liegenschaft gegen die Anmietung der Erfassungsgeräte aus, können die Mietgebühren nicht umgelegt werden (§ 4 Abs. 2 HeizkostenV).

Bei der erstmaligen Anmietung von Erfassungsgeräten zur Heizkostenabrechnung sollte der WEG-Verwalter dafür sorgen, dass alle Mieter informiert werden. Versäumt der Eigentümer die Ankündigung gegenüber seinem Mieter, kann dieser möglicherweise die Umlage der Mietgebühren unter Hinweis auf die fehlende Ankündigung verweigern, auch wenn die Mehrheit der Nutzer der Anmietung und Umlage nicht widersprochen hat.

(3) Eichfristen

Wasserzähler und Wärmemengenzähler unterliegen als Messgeräte zur Bestimmung des Volumens bzw. der Durchflussstärke von Flüssigkeiten der Eichpflicht. Die Gültigkeitsdauer der Eichung für Kaltwasserzähler beträgt 6 Jahre, für Wärmezähler und Warmwasserzähler 5 Jahre. Die Eichintervalle sind in der Eichordnung festgelegt. Rechtsgrundlage der Eichung von Messgeräten sind das Eichgesetz und die Eichordnung.

Für Heizkostenverteiler muss beim Wärmedienstleister eine Bestätigung einer sachverständigen Stelle vorliegen, dass die Regeln der Technik eingehalten sind oder dass die Eignung auf eine andere Weise nachgewiesen wird (DIN 4713).

Die Zähler werden nach Ablauf der Eichfrist regelmäßig ausgetauscht, da die Nacheichung eines Wärme- oder Wasserzählers teurer ist als die Neuanschaffung eines geeichten Geräts.

9.3 Sicherheitsmanagement

Sicherheitsdienste rund um die Immobilie gewinnen an Bedeutung. Dies gilt auch für den Wohnbereich. Die Furcht vor Einbrüchen, Vandalismus, generell rufschädigenden Einflüssen mit entsprechender Vermietungsproblematik zeigt seine Wirkung.

Bei teilweise oder ganz leer stehenden Gebäuden werden Überwachungsaufgaben durchgeführt.

Mit der Aufstellung von detaillierten Sicherheitsprogrammen werden organisatorische und technische Maßnahmen zur Minimierung bzw. Vermeidung von Sicherheitsrisiken eingesetzt. Konzepte zur Offenlegung und Beseitigung von Schwachstellen werden erarbeitet, eine Schwachstellenanalyse wird erstellt.

Das Spektrum umfasst beispielsweise Schließanlagen, Wege, Parkplätze, Einbruchsicherheit im Fenster- und Türenbereich, Beleuchtung, Brandschutz, Nachtwächter, Pförtner im Eingangsbereich. Dieser auch Concierge genannte Dienstleister kann ein besonderes Vermietungsargument sein. Allerdings nur für Mieter, welche solche Dienste gerne in Anspruch nehmen und auch bereit sind, dafür zu zahlen.

Besonders gefährdete Mieter wie Juweliere, Betriebe mit hohen Kassenbeständen, Apotheken aber auch Behörden mit Dienstsiegeln und amtlichen Formularen sind besonders zu berücksichtigen.

Der Sicherheitsdienst sollte Mitglied in einem Fachverband für Sicherungstechnik sein und entsprechende Referenzen vorweisen können, nicht nur weil es um eine vertrauensvolle Tätigkeit geht. Da sehr viele (Neu-)Anbieter sich im Sicherheitsmarkt bewegen, sind oft Dumpingpreise gegeben, verbunden mit schlecht geschultem Personal.

Zudem sind die Folgekosten sehr hoch, wenn die Empfehlungen des Sicherheitsdienstleisters die falschen waren. Schlecht geplante oder mit billigen Komponenten versehene Sicherheitsanlagen mit ständigen Fehlalarmen bzw. Funktionsstörungen werden im Zweifelsfall einfach abgeschaltet. Dasselbe gilt für Anlagen, welche nicht bedienerfreundlich handzuhaben sind und/oder eine schlecht verständliche Bedienungsanleitung haben. An einen modularen Aufbau der Anlage sollte ebenfalls gedacht werden.

Literaturempfehlungen
Michaela Hellerforth, Facility Management: Immobilien optimal verwalten
Hanspeter Gondring, Immobilienwirtschaft
Frank Peters, Handbuch zur Wärmekostenabrechnung

Kontrollfragen

1. Nennen Sie vier Vorteile des Contractingnehmers.
2. Warum bringt die Heizkostenverordnung eine Ausnahme für die Einnahmen-Ausgaben-Rechnung der WEG-Jahresabrechnung mit sich?
3. Was soll der Energieausweis bewirken?
4. Was ist unter „Instandhaltung" nach DIN zu verstehen?

10. Versicherungsmanagement

> **Lernziele**
>
> Nach diesem Kapitel sollten Sie
> - die wichtigen Immobilienversicherungen kennen,
> - wissen, welche Versicherungen der WEG-Verwalter von Gesetzes wegen abschließen muss,
> - den Begriff Vermögensschaden definieren können,
> - das Spektrum der für den Immobilienverwalterbetrieb relevanten Versicherungen kennen,
> - die Kenntnis darüber haben, mit welchen Arten von Versicherungsvermittlern der Objektmanager zusammenarbeiten kann.

Durch den europäischen Binnenmarkt ist es zu einer großen Wettbewerbsintensität zwischen den Versicherern gekommen. Dies führt zu Produktinnovationen, aber auch zu einer erhöhten Intransparenz infolge der frei gestaltbaren Versicherungsbedingungen. Die Versicherer der EU unterliegen der Aufsicht ihres Heimatlandes (so genannte Sitzlandkontrolle), bei den Versicherungsbedingungen findet keine aufsichtsbehördliche Inhaltskontrolle mehr statt. Versicherungsmonopole gibt es seit dem 1.7.1994 nicht mehr.

Für Versicherungsbedingungen gibt es unverbindliche Verbandsempfehlungen. Jeder Versicherer hat jedoch seine eigenen Bedingungen, Klauseln und Schadenregulierungsrichtlinien. Die Versicherungen nach bundesrepublikanischem Recht unterliegen aber auch weiterhin dem Versicherungsvertragsgesetz (VVG).

Die Schadensphase ist generell geprägt durch die Begriffe „Meldepflicht", „Schadensminderungspflicht" und „Obliegenheitsverletzung".

Jeder Schaden ist gemäß Bedingungen und VVG unverzüglich zu melden, dazu ist der Versicherungsnehmer verpflichtet. Er muss dem Versicherer Gelegenheit geben, jede Untersuchung über die Schadenshöhe, die Ursache und über den Umfang seiner Entschädigungspflicht durchzuführen. Er hat weiterhin die Verpflichtung, alle Maßnahmen zu ergreifen, die zur Minderung des Schadens dienlich sind, wobei er Weisungen des Versicherers unbedingt befolgen muss (§ 62 VVG).

Kapitel 10

Verstößt der Versicherungsnehmer gegen diese Verpflichtungen, so liegt eine Obliegenheitsverletzung vor und der Versicherer kann sich gegebenenfalls auf ein Leistungsverweigerungsrecht berufen.

10.1 Wichtige Immobilienversicherungen

(1) Verbundene Wohngebäudeversicherung

Bei der verbundenen bzw. kombinierten Gebäudeversicherung sind mehrere Gefahren und Schäden (Feuer, Leitungswasser, Frostschäden, Rohrbruch, Sturm und Hagel) in einem einheitlichen Vertrag versichert. Dafür gibt es die Allgemeine Bedingungen für die Neuwertversicherung von Wohngebäuden (VGB). Die letzten normierten Bedingungen sind die VGB 88 vom 1.1.1990.

Im § 1 Abs. 1 VGB heißt es: „…versichert sind die in dem Versicherungsvertrag bezeichneten Gebäude". Es wird also versicherungsrechtlich das Gebäude als Ganzes versichert, ohne Rücksicht auf die Unterscheidung zwischen Sondereigentum oder Gemeinschaftseigentum.

Wenn der Verwalter demnach einen Gebäudeversicherungsvertrag abschließt, so versichert er damit auch Sondereigentum, über das er an sich keine Verwaltungshoheit hat. Dass nur das Gemeinschaftseigentum versichert wird, ist ausgeschlossen.

§ 13 VGB regelt die *gleitende Neuwertversicherung*. Es erfolgt eine automatische Anpassung der Versicherungssumme an geänderte Baukosten. Abweichungen sind nach oben und unten möglich.

Basis für die Berechnungen der Versicherer ist in der Regel der so genannte Wert 1914 (ortsüblicher Neubauwert des zu versichernden Gebäudes zu Preisen des Jahres 1914), die Quadratmeter Wohnfläche bzw. die Anzahl der Wohneinheiten. Die Werte werden mit dem aktuellen Baupreisindex vom Statistischen Bundesamt hochgerechnet.

Die versicherten Gefahren können auch, insbesondere bei gemischt genutzten Gebäuden oder reinen Gewerbegebäuden, separat auf Basis der *Allgemeinen Feuerversicherungs-Bedingungen* (AFB), *Allgemeine Leitungswasser-Bedingungen* oder *Allgemeine Sturmversicherungs-Bedingungen* (ASTB) versichert sein. Jede versicherte Gefahr stellt dann einen eigenständigen Vertrag dar.

(2) Feuerversicherung

Im Normalfall muss ein angehender Eigentümer bei der Finanzierung einer Wohnung oder eines Hauses über Hypotheken oder Grundschulden dem Kreditgeber eine ausreichende Versicherung gegen Feuer nachweisen.

Der Verwalter ist gemäß § 21 Abs. 5 Nr. 3 WEG verpflichtet, eine solche Versicherung abzuschließen.

Die Feuerversicherung deckt Schäden ab, welche durch Brand, Blitzschlag, Explosion oder Absturz eines bemannten Flugkörpers entstehen.

Brand ist hierbei definiert als „...ein Feuer, das ohne einen bestimmungsgemäßen Herd entstanden ist oder ihn verlassen hat und das sich aus eigener Kraft auszubreiten vermag" (§ 5 Abs. 1 VGB). Damit findet unter anderem eine Abgrenzung zu einem nichtversicherten Sengschaden statt.

Beispiel: Im Treppenhaus sind mehrere Brandflecke im Teppichboden, verursacht durch heruntergefallene Zigarettenglut.

Da sich das Feuer auf dem Teppichboden nicht *aus eigener Kraft* ausgebreitet hat, wird die Gebäudeversicherung keine Zahlung leisten.

Durch entsprechende Klauseln können allerdings auch solche Schäden versichert werden.

(3) Leitungswasserversicherung

Leitungswasser ist Wasser, welches aus den Zu- oder Ableitungen der Wasserversorgung, der Heizung oder Sprinkler- und Berieselungsanlagen bestimmungswidrig ausgetreten ist (§ 6 Abs. 1 VGB).

Es sind Schäden durch Leitungswasser versichert, welche durch Rohrbruch, Korrosion, Frost oder sonstige Undichtigkeiten ausgetreten ist. Keine Leitungswasserschäden sind Schäden durch Plansch-, Reinigungs-, Grund-, Hoch- und Regenwasserschäden. Diese sind nicht mitversichert (§ 9 Abs. 4 a und b VGB).

Beispiel: Ein im Gebäude verlegtes Wasserrohr bricht zwischen dem 2. und 3. Stockwerk und verursacht Durchnässungsschäden im Treppenhausbereich. Bei der Schadenbehebung wird festgestellt, dass es sich

a) um eine innenliegende Abwasserleitung handelt. Die Kosten für die Rohrbruchbeseitigung und für die erforderlichen Folgekosten werden vom Versicherer übernommen.

b) um ein innenliegendes Abflussrohr für Regenwasser handelt. Es existiert keine Deckung durch die Leitungswasserversicherung. Die Versicherung solcher Schäden könnte aber durch entsprechende Klauseln vereinbart werden und ist Bestandteil vieler Konzepte der Versicherer.

Kapitel 10

Problematisch sind Leitungswasserschäden im Bereich des Sondereigentums. Diese sind über die Gebäudeversicherung generell mitversichert. Ein Teil der Reparaturkosten kann aber gemäß den Bedingungen nicht versichert sein.

Beispiel: Ein Zuleitungsrohr zur Dusche wird undicht und verursacht einen Leitungswasserschaden. Die Rechnung des Installateurs umfasst neben der Behebung des Rohrbruchs auch die nicht schadenbedingte Erneuerung einer Armatur.

Der Versicherer übernimmt den Schaden, jedoch unter Abzug der Armaturkosten, da diese nur bei Frostschäden oder besonderer Vereinbarung mitversichert ist.

§ 7 Abs. 2 a und b VGB: *Schäden an Badeeinrichtungen, Waschbecken, Spülklosetts, Wasserhähnen, Geruchsverschlüssen, Wassermessern oder ähnlichen Installationen sowie Heizkörpern, Boilern oder vergleichbaren Teilen von Warmwasser- oder Dampfheizungsanlagen werden nur bei Frostschäden ersetzt.*

Der Eigentümer wird daher im Normalfall die Kosten für die Armatur selbst zu tragen haben. Unter einer Voraussetzung muss jedoch die Gemeinschaft nach § 14 Nr. 4 WEG die Kosten übernehmen: wenn die Zerstörung, Beseitigung oder Beschädigung der Armatur (oder der sonstigen in § 7 Abs. 2 a und b VGB genannten Teile) notwendig war, um einen versicherten Schaden beseitigen zu können.

(4) Sturm- und Hagelversicherung

Nach den Versicherungsbedingungen ist ein Sturm als wetterbedingte Luftbewegung von mindestens Windstärke 8 zu bezeichnen. Kann die Windstärke nicht über das Wetteramt festgestellt werden, so wird dann ein Sturm unterstellt, wenn in der Nachbarschaft ähnliche Schäden nachzuweisen sind oder der Gebäudeschaden nur durch Sturm entstanden sein kann (§ 8 Abs. 1 a und b VGB).

Es ist nicht nur die unmittelbare Einwirkung des Sturms auf das Gebäude versichert, sondern auch Schäden durch Gegenstände, welche der Sturm auf das Gebäude wirft. Folgen eines Sturmschadens sind auch abgedeckt.

Beispiel: Durch Sturm stürzt ein großer Baum auf das Gebäudedach, durchschlägt den Dachstuhl und der nachfolgende Regen durchnässt das oberste Stockwerk.

Egal, ob der Baum auf dem eigenen oder dem Nachbargrundstück stand, der Gebäudeversicherer ersetzt die Kosten für die Baumbeseitigung (aber nur soweit es für die Behebung des Schadens notwendig ist, diese Aufräumkosten für Bäume können aber über eine Klausel mitversichert werden) sowie die Dachstuhlreparatur und die Beseitigung der Durchnässungsschäden am Gebäude.

Schäden durch Regenwasser sind zwar in der Leitungswasserversicherung nicht abgedeckt. Als unmittelbare Folge eines Sturmschadens sind die Schäden durch den eindringenden Regen aber mitversichert, falls der Sturm die Öffnung verursacht hat, durch die der Regen hereinkam (vgl. § 9 Abs. 6 c VGB).

Hagelschäden sind in den aktuellen VGB im Übrigen unabhängig vom Sturm mitversichert.

Weitere Deckungsbausteine der Gebäudeversicherung sind die immer mehr an Bedeutung gewinnende Elementarschadenversicherung und in der Bauphase die Feuerrohbau- und die Bauleistungsversicherung. Mögliche Überschneidungen gilt es zu beachten, wenn die Bauleistungsversicherung ausdrücklich Brandschäden einschließt.

(5) Glasversicherung

Glasversicherungen für Mehrfamilienhäuser kann man im Regelfall in zwei verschiedenen Formen abschließen:

- Versicherung der Verglasung des gesamten Gebäudes,
- Versicherung der Verglasung von Räumen bzw. Gebäudeteilen, welche dem allgemeinen Gebrauch dienen (z.B. Treppenhäuser).

Risiken und Kosten sollten je nach Einzelfall abgewogen werden. Häufig wird für eine vorwiegend selbstgenutzte WEG keine Glasversicherung abgeschlossen. Kapitalanleger sind aufgrund der Umlagefähigkeit der Beiträge an dieser Versicherung eher interessiert. Der Verwalter ist hierzu auch nicht verpflichtet, außer ein Beschluss oder die Gemeinschaftsordnung schreibt ihm dies vor.

(6) Haus- und Grundbesitzerhaftpflichtversicherung

Der WEG-Verwalter ist nach § 21 Abs. 5 Nr. 3 WEG verpflichtet, eine Haus- und Grundbesitzerhaftpflichtversicherung abzuschließen. Die Grundlage der Versicherung sind die *Allgemeinen Versicherungsbedingungen für die Haftpflichtversicherung* (AHB). Der Versicherer ist demnach verpflichtet, begründete Schadenersatzansprüche Dritter, deren Ursache im Objekt liegt, zu befriedigen bzw. unbegründete Ansprüche abzuwehren.

Hier wird von der so genannten passiven Rechtsschutzfunktion gesprochen. Das unbebaute Grundstück ist mit versichert.

Gegen den Grundstückseigentümer kann als Anspruchsgrundlage für eigenes Handeln im Wesentlichen § 823 BGB in Betracht kommen: „Wer vorsätzlich oder fahrlässig das Leben, den Körper, die Gesundheit..., das Eigentum... eines anderen widerrechtlich verletzt, ist dem anderen zum Ersatze des daraus entstehenden Schadens verpflichtet". Weitere Anspruchsgrundlagen wären § 836 BGB (Haftungsverschärfung: vermutetes Verschulden) oder für das Handeln anderer §§ 278, 831 BGB.

Eine solche Schadensersatzpflicht des Eigentümers kann sich z.b. aus der Nichtbeachtung der Streu-, Reinigungs- und Instandhaltungspflichten des Gebäudes und Grundstückes ergeben.

Falls sich Eigentümer und auch Verwalter im Interesse und für Zwecke der Gemeinschaft betätigen, so ist auch deren persönliche Haftpflicht über diesen Vertrag mitversichert. Dasselbe gilt auch für den Hausmeister und sonstige Angestellte der WEG wie Reinigungskräfte und Gärtner.

Die Haus- und Grundbesitzerhaftpflicht tritt z.B. in folgenden weiteren Fällen ein:

- Ein Fußgänger wird durch herabfallende Mauerwerksteile verletzt.
- Ein Besucher stürzt im Treppenhaus, weil das Treppengeländer sich aus der Verankerung gelöst hat.
- Beim Rasenmähen durch den angestellten Hausmeister werden Steine aufgewirbelt, die eine Scheibe im benachbarten Gebäude beschädigen. (Achtung: Wird eine Scheibe im Gemeinschaftseigentum beschädigt besteht aufgrund eines Eigenschadens kein Versicherungsschutz).

(7) Gewässerschaden-Haftpflichtversicherung

Das Hauptrisiko für eine Eigentümergemeinschaft mit einer Heizölanlage besteht in der Verschmutzung des Grund- oder Trinkwasser. Nach § 22 Wasserhaushaltsgesetz (WHG) haftet der Inhaber einer Anlage von gewässerschädlichen Stoffen genauso wie derjenige, der in ein Gewässer Stoffe einbringt oder einleitet, die .... die Beschaffenheit des Wassers verändern.

Diese Haftung beruht auf dem *Verursacherprinzip*, also der so genannten Gefährdungshaftung. Im Gegensatz hierzu gilt bei den meisten anderen Haftpflicht-Versicherungsarten das *Verschuldensprinzip*.

Die Gewässerschaden-Haftpflichtversicherung schützt den Anlageninhaber, wenn er aus § 22 WHG in Anspruch genommen wird. Der Versicherungsschutz gilt auch für Rettungskosten (z.B. Kosten für das Ausbaggern von verseuchtem Erdreich, um weitergehende Schäden zu verhindern).

Die Prämienberechnungsgrundlage ist das Fassungsvermögen des Tanks in Liter. Unterschieden wird meist noch danach, ob der Tank unter- oder oberirdisch liegt. Dabei gilt ein Kellertank als ein oberirdischer Tank.

(8) Beiratsversicherung

Ein fahrlässiges Handeln kann per Mehrheitsbeschluss für die jeweiligen Mitglieder des Beirats ausgeschlossen werden, im Gegensatz zum vorsätzlichen oder grob fahrlässigen Handeln.

Zusätzlich gibt es mehrere Anbieter, welche eine spezielle Beiratsversicherung in ihrem Programm haben.

Das Berliner Kammergericht ist der Meinung, dass es im Interesse der Gewinnung von Eigentümern für das Beiratsamt ordnungsgemäßer Verwaltung entspricht, wenn im Zusammenhang mit der Beiratsbestellung der Abschluss einer Beiratsversicherung auf Kosten der Gemeinschaft beschlossen wird. Die Beschlusskompetenz der Eigentümer aus § 29 WEG decke das Vorgehen, weil die Risikovorsorge ordnungsgemäßer Verwaltung des gemeinschaftlichen Eigentum entspreche (KG, Beschluss vom 19.7.2004).

Es gibt Vermögensschadenshaftpflichtversicherungen des Verwalters, welche eine Beiratsversicherung bereits beinhalten. Als Akquisitionsargument des Verwalters ist diese Vertragsklausel nicht zu unterschätzen.

10.2 Versicherungen für den Objektmanager

(1) Vermögensschadens-Haftpflichtversicherung

Die Vermögensschaden-Haftpflichtversicherung (VHV) ist für den Verwalter eine sinnvolle Absicherung, faktisch seine Berufshaftpflichtversicherung. Ursprünglich wurde sie für die Bedürfnisse der beratenden Berufe wie Rechtsanwälte und Notare geschaffen und mit besonderen Bedingungen und Risikobeschreibungen an die Tätigkeit des Verwalters angepasst.

Der Versicherer gewährt dem Versicherungsnehmer Deckung für den Fall, dass er wegen eines bei der Ausübung der beruflichen Tätigkeit begangenen Verstoßes für einen Vermögensschaden verantwortlich gemacht wird.

Ein Vermögensschaden wird laut § 11 Abs. 2 *Allgemeine Versicherungsbedingungen zur Haftpflichtversicherung für Vermögensschäden* (AVB) durch eine

Kapitel 10

negative Abgrenzung bestimmt: Danach sind Vermögensschäden solche Schäden, die weder Personenschäden noch Sachschäden (Beschädigung, Verderben, Vernichten oder Abhandenkommen von Sachen) sind.

Neben dem generellen Ausschluss bei vorsätzlichem Handeln des Verwalters oder seiner Angestellten gibt es in den *Besonderen Bedingungen* zur VHV spezielle Deckungsausschlüsse.

So sind z.B. Haftpflichtansprüche ausgeschlossen, die dadurch entstanden sind, dass der Verwalter Fehler beim Abschluss von Versicherungsverträgen macht, fehlerhaft Versicherungsschäden abwickelt oder ihm Nachlässigkeiten bei der Verwaltung von Versicherungsverträgen vorgeworfen werden können und dadurch der Eigentümergemeinschaft Vermögensschäden entstanden sind.

Außerdem sind von der Deckung ausgeschlossen: fehlerhafte Kassenführung, Verstöße beim Zahlungsakt oder durch Veruntreuung des Personals.

Als Vermögensschäden gelten beispielsweise:
- Mögliche, aber nicht durchgeführte Mieterhöhungen.
- Gewährleistungsmängel werden nicht innerhalb der Verjährungsfristen geltend gemacht.
- Unzulängliche Verfolgung von Miet- oder Hausgeldschulden.
- Vorgeschriebene, aber nicht durchgeführte Verzinsung von Instandhaltungsrücklagen.
- Fehlüberweisungen, Beispiel: Ein Mitarbeiter erledigt die Überweisung einer Handwerker-Rechnung. Versehentlich werden 11.000 € statt 110 € auf dem Überweisungsträger eingetragen. Das Konto des Handwerkers ist überzogen. Dieser ist zahlungsunfähig, so dass eine Rückforderungen aussichtslos ist. Der Verwalter ist damit der Eigentümergemeinschaft schadenersatzpflichtig

(2) Büro- bzw. Betriebshaftpflichtversicherung

Die Betriebshaftpflichtversicherung schützt den Verwalter vor existenzbedrohenden Schadenersatzansprüchen Dritter. Im Gegensatz zur Vermögensschadenhaftpflichtversicherung sind Personen- und Sachschäden aufgrund gesetzlicher Haftpflichtansprüche privatrechtlichen Inhalts versichert.

Durch den Verwaltervertrag werden wie in Kapitel 4.1 ausgeführt, zahlreiche Aufgaben übernommen. Eine wesentliche Aufgabe ist es, für eine ordnungsgemäße Instandhaltung und Instandsetzung des gemeinschaftlichen Eigentums die Maßnahmen zu treffen (§ 27 WEG Absatz 1 Nr. 2). Gerade dieser Aufgabenbereich birgt besondere Haftungsrisiken für den Verwalter. Die Nicht- oder Schlechterfüllung der Überwachungs-, Kontroll- und Hinweispflichten kann zu erheblichen Schadenersatzansprüchen der WEG gegen den Verwalter führen. Der hieraus resultierende Schaden am Objekt ist ein Sachschaden und nicht Gegenstand der Vermögensschadenshaftpflicht. Eine Absicherung ist nur über Spezialkonzepte in der Betriebshaftpflichtversicherung möglich.

Die häufig bei Verwalterbetrieben zu findende „Bürohaftpflichtversicherung" beinhaltet diesen Versicherungsschutz auch nicht. Hier sind lediglich Haftpflichtansprüche abgesichert, die sich aus dem Bürobetrieb ergeben können. Beispiel: Während einer Eigentümerversammlung in den Büroräumen stürzt ein Besucher über ein lose verlegtes, nicht gesichertes Projektorkabel und verletzt sich schwer.

(3) Vertrauensschaden- und Computermissbrauchversicherung

Der Verwalter kann mittels der Vertrauensschadenversicherung vorsätzliche Schäden durch sein Personal wie Diebstahl, Unterschlagung, Betrug, Untreue und Computerbetrug z.B. durch Hacker abdecken.

Beispiel: Ein Mitarbeiter veruntreut Gelder der Eigentümergemeinschaft. Bei der Rechnungsprüfung wird die Unterschlagung festgestellt, der Mitarbeiter wird zu einer Freiheitsstrafe verurteilt. Der Verwalter als Arbeitgeber muss vorab in jedem Fall der Gemeinschaft die veruntreuten Beträge ersetzen.

Die oben angeführte Vermögensschadenhaftpflicht wird eine Deckung verweigern, da vorsätzliches Handeln stets einen Ausschlusstatbestand darstellt.

Die Vertrauensschaden-Versicherung nimmt den Ausgleich unter folgenden Bedingungen vor:

- beim Vorhandensein eines rechtskräftigen Urteils gegen den Mitarbeiter in Höhe des Schadenersatzanspruchs oder bei einem
- schriftlichen Fehler-Eingeständnis des Mitarbeiters und Anerkenntnis der Schadenersatzpflicht (notarielles Schuldeingeständnis).

Durch eine Entschädigung des Versicherers wird der Mitarbeiter nicht von seiner Schadensersatzpflicht befreit. Der Versicherer kann den Mitarbeiter wegen eines so genannten *Anspruchübergangs* in Regress nehmen.

Kapitel 10

Eigenes fehlerhaftes Handeln kann der Unternehmer grundsätzlich nicht über diese Versicherungsart absichern, es geht lediglich um das vorsätzliche Fehlverhalten seiner Mitarbeiter.

(4) Inventarversicherung

Die Inventarversicherung deckt Gefahren und Schäden analog der Wohngebäudeversicherung durch Feuer, Leitungswasser, Frost, Rohrbruch, Sturm und Hagel und Schäden durch Einbruchdiebstahl und Raub an technischen sowie kaufmännischen Einrichtungen, an Waren und an fremdem Eigentum. Jede versicherte Gefahr muss einzeln vereinbart sein und stellt, auch wenn sie in *einem* Versicherungsschein dokumentiert sind, einen eigenständigen Vertrag dar.

Für gewisse Positionen wie Bargeld, Kautionssparbücher, Akten, Pläne, Urkunden u.a. gibt es normalerweise Höchstgrenzen. Diese Höchstgrenzen müssen je nach Bedarf angepasst werden. Als Immobilienverwalter sollte man auf eine ausreichend hoch versicherte Position für die Wiederbeschaffung von Geschäftsunterlagen (Akten, Pläne etc.) achten. Durch die Digitalisierung von Unterlagen und Datenverwahrung auch außer Haus können hier einige Risiken ausgeschlossen und damit Versicherungskosten reduziert werden.

(5) Einbruchdiebstahlversicherung

Es werden Schäden erstattet, welche durch Diebstahl, Zerstörung oder Beschädigung von versicherten Gegenständen nach einem Einbruch entstanden sind.

Auf die Schlüssel von Schließanlagen bzw. den Austausch von Schlössern nach dem Verlust von solchen Schlüsseln sollte besonders geachtet werden. Eine Einlagerung der Schließkarten beim Metallwarenhandel ist generell der Einlagerung im Verwalterbüro vorzuziehen. So gestaltet sich im Übrigen die Nachbestellung von Schlüsseln erheblich einfacher.

(6) Elektroversicherung

Die Elektroversicherung kommt für Schäden an EDV-, Telefon- und sonstigen bürotechnischen Anlagen auf, die z.B. durch unsachgemäßen Gebrauch, Kurzschluss und Feuchtigkeit entstehen. Es wird hier von einer so genannten Allgefahrendeckung gesprochen.

(7) Betriebsunterbrechungsversicherung

Nach Eintritt eines oben angeführten Sachschadens (infolge von Feuer, Einbruchdiebstahl, Leitungswasser, Sturm oder Elektronik) ist der Geschäfts-

oder Betriebsablauf häufig für längere Zeit beeinträchtigt. Die Kosten wie Gehälter, Zinsen oder Miete laufen aber weiter. Schließlich wird durch einen solchen Schaden der Gewinn gemindert. Dieser Ertragsausfall wird als Unterbrechungsschaden bezeichnet. Der entgangene Gewinn und der Aufwand für die fortlaufenden Kosten können über diese Versicherung abgedeckt werden.

10.3 Schadensregulierung und Versicherungsvermittler

Neben dem Besorgen und Vorhalten von risikogerechtem und wirtschaftlichen Versicherungsschutz ist es Aufgabe und Pflicht des Immobilienverwalters, Schadensfälle kurzfristig zu melden. Der Verwalter muss also in der Lage sein, wahrscheinlich vorliegende Versicherungsfälle überhaupt zu erkennen. Dass nicht jeder vermeintliche Versicherungsfall dann auch von der Versicherung anerkannt wird, ist unvermeidbar.

Im Tagesgeschäft ist die Bearbeitung von Versicherungsschäden sehr zeitintensiv und auch haftungsträchtig. Eine Vermögensschadens-Haftpflichtversicherung deckt, wie in Kapitel 11.2 (2) angeführt, keine Schäden aus fehlerhaft abgeschlossenen oder gar nicht existenten Deckungen.

Verwalter können grundsätzlich mit drei Arten von Versicherungsvermittlern zusammenarbeiten, die sich wie folgt unterscheiden:

(1) Einfirmenvertreter

Ein Einfirmenvertreter oder -agent (Ausschließlichkeitsvertreter) vermittelt Versicherungen für ein einziges Versicherungsunternehmen, an das er vertraglich gebunden ist. Für die Vermittlung erhält er Provisionen. Er vertritt die Gesellschaft nach außen und ist immer Interessensvertreter des Versicherers.

(2) Mehrfachagent

Der Mehrfachagent ist ein Versicherungsvertreter, der mit mehreren Versicherungsgesellschaften Agenturverträge unterhält. Er hat dieselben Rechte und Pflichten wie ein Versicherungsvertreter. Der Mehrfachagent kann zwischen den Produkten und Tarifen verschiedener Gesellschaften auswählen bei gleichzeitig begrenzter Haftung für eventuelle Beratungsfehler. Auch er ist Interessensvertreter des Versicherers.

(3) Versicherungsmakler

Der Versicherungsmakler ist im Gegensatz zum Versicherungsvertreter bzw. Mehrfachagent zur Wahrung der Interessen des Versicherungsnehmers verpflichtet. Ein Versicherungsmakler betreut, verwaltet und vermittelt die Versicherungsverträge seiner Kunden. Im Vergleich zu einem Versicherungsvertreter schließt der Kunde mit einem Versicherungsmakler einen Geschäftsbesorgungsvertrag, den Maklervertrag, ab. Durch diesen Vertrag wird der Makler beauftragt, für den Kunden tätig zu werden.

Zusatzkosten entstehen dem Kunden nicht, der Versicherungsmakler wird üblicherweise von den Versicherungsunternehmen bezahlt, unabhängig davon, ob ein Versicherungsvertrag schon bestand oder neu abgeschlossen wird. Sollte ein Versicherungsmakler die vertraglich vereinbarte Dienstleistung jedoch nicht ordnungsgemäß für den Kunden erbringen, so haftet er nach den strengen Haftungsgrundsätzen gemäß dem so genannten Sachwalterurteil des BGH vom 22.5.1985.

Viele Verwalter arbeiten mit Versicherungsmaklern zusammen. Ein solches Maklerbüro hat dann regelmäßig folgende vertraglich fixierte Pflichten:

- Prüfung des Versicherungsbedarfs einschließlich Risikoanalyse.
- Untersuchung des Versicherungsmarktes und Auswahl des Deckungsangebotes, das für das jeweilige Risiko den geeignetsten Versicherungsschutz bietet.
- Vermittlung der für notwendig erachteten Versicherungsverträge an den Versicherer mit dem geeignetsten Deckungsangebot. Dies erfolgt nach Absprache mit dem Verwalter.
- Verwaltung, Überwachung und laufende Betreuung der Versicherungsverträge und ggf. Anpassung des Versicherungsschutzes oder der Vertragskonditionen an veränderte Risiko- und Marktverhältnisse nach Absprache mit dem Verwalter.
- Unterstützung des Verwalters im Schadenfall einschließlich der Verhandlungen mit dem jeweiligen Versicherer.
- Der Verwalter überlässt die Korrespondenz mit der Versicherung dem Makler bzw. führt sie über ihn.

Der Versicherungsmakler sollte auf die Immobilienwirtschaft spezialisiert sein, damit von einer notwendigen Kompetenz ausgegangen werden kann. Aus den aufgeführten Pflichten des Maklers geht hervor, dass bei einer solchen Zusammenarbeit eine erhebliche Entlastung des Verwalters einhergeht. Zudem können Regiekosten in einem Prozentsatz der Schadenssumme für den Verwalter vereinbart werden, welche bei normalen Vertragskonstellationen regelmäßig nicht zu bekommen sind. Hier ist

dann Verhandlungsgeschick des Verwalters notwendig oder eine kulante Handhabung der Versicherung je nach Schadensfall.
Die Zahlung von Regiekosten dürfen nicht mit Provisionszahlungen an den Verwalter verwechselt werden: Beim Abschluss von Versicherungsverträgen darf der Verwalter keine Provisionen entgegennehmen. Tut er dies ohne Kenntnis und Einverständnis der Gemeinschaft, so gilt das als wichtiger Grund für eine Abberufung als Verwalter und gleichzeitiger Kündigung des Verwaltervertrages. Die entgegengenommene Provision hat der Verwalter nach §§ 667 und 675 BGB an die Gemeinschaft weiterzuleiten.

Literaturempfehlungen
Horst Dietz, Kommentar zur Wohngebäudeversicherung
Rolf Schmalohr, Versicherungswirtschaft 2 – Sach- und Vermögensversicherung

Kontrollfragen

1. Welche Versicherungen muss der WEG-Verwalter abschließen, welche sind ferner empfehlenswert?
2. Wie werden Vermögensschäden definiert? Nennen Sie drei Deckungsausschlüsse.
3. Nennen und erläutern Sie kurz vier Versicherungen für den Immobilienbetrieb.

11. Personalmanagement

> **Lernziele**
>
> Nach der Bearbeitung des folgenden Kapitels sollten Sie
> - die Bedeutung des Hausmeisters für den Verwalter bzw. das Wohnungsunternehmen einschätzen können,
> - die rechtlichen Grundlagen des Hausmeistereinsatzes kennen,
> - Vor- und Nachteile der Beschäftigung von festangestellten Hausmeistern des Verwaltungsunternehmens aufzeigen können.

Größere Eigentümergemeinschaften, Mietshäuser oder Gewerbeimmobilien benötigen meist einen haupt- oder nebenberuflich angestellten Hausmeister bzw. Hauswart. Dieser hat unter anderem Reinigungs-, Überwachungs- und Sicherungspflichten. Er hat zudem gemeinschaftliche Anlagen wie die Zentralheizung zu bedienen, sowie kleinere Reparaturen am Gemeinschaftseigentum durchzuführen.

Eine handwerkliche Ausbildung wird daher meist vorausgesetzt.

Der Hausmeister kann und darf grundsätzlich nicht rechtsgeschäftlich für den Auftraggeber handeln. Dies geschieht durch den Verwalter, welcher dem Hausmeister weisungsbefugt ist.

Die Haftung des Hausmeisters erfolgt nach § 276 BGB, für von ihm unterbeauftragte Erfüllungsgehilfen nach § 278 BGB.

Der Anstellungsvertrag hat überwiegend dienstvertraglichen Charakter im Sinne der §§ 611 ff. BGB.

Diesem Vertragswerk ist die Hausmeisterdienstanweisung als wichtiger Bestandteil beizufügen: Die auszuführenden Arbeiten sind dort in ihrem zeitlichen Turnus detailliert aufgeführt.

Geregelt werden sollte auch: Probezeit, Regelung über Urlaub und Urlaubsgeld, Vertretung, Stellen- bzw. Arbeitsbeschreibung, Regelung über Notfälle außerhalb der normalen Arbeitszeit usw.

Empfehlenswert ist auch die vertragliche Regelung, dass der Hausmeister neben dem Telefon auch per Fax und E-Mail zu erreichen ist und auch stets ein Anrufbeantworter vorhanden sein muss. Dies spart dem Verwalter viel Zeit und Nerven.

Kapitel 11

Auf die Kommunikation mit dem Hausmeister ist ein besonderes Augenmerk zu legen: Als Kenner der örtlichen Gegebenheiten sowie von Spannungsverhältnissen verschiedenster Art sollte er vom Verwalter in diverse Maßnahmen wie Modernisierungen oder Änderungen von Gemeinschaftsanlagen frühzeitig eingebunden werden.

Ein motivierter Hausmeister kann Probleme und Schwierigkeiten oft schon im Ansatz beseitigen oder zumindest das Erforderliche in die Wege leiten.

Der Hausmeister sollte daher Teil eines „Frühwarnsystems" sein. Damit können Chancen (z.b. Möglichkeiten der Kosteneinsparung) oder Risiken (wie starker Unmut bei der Mieterschaft) rechtzeitig erkannt werden. Der Hausmeister ist eine Art Visitenkarte des Wohnungsunternehmens bzw. Verwalters. Der zuständige Sachbearbeiter wird im Jahr nur wenige Male vor Ort gesehen, häufig ist die Eigentümerversammlung der einzige Anlass des Zusammentreffens. Dem Hausmeister hingegen begegnen die Kunden häufiger. Wenn hier positive Signale ausgehen, strahlt das auf die Hausverwaltung ab. Ständiger Ärger mit dem Hausmeister ebenso.

Der Verwalter hat bei einem festen Arbeitsverhältnis die einschlägigen arbeitsrechtlichen Bestimmungen zu beachten. Diese beinhalten auch die Anmeldung bei der zuständigen Berufsgenossenschaft.

Größere Verwaltungsfirmen verfügen zuweilen über festangestellte Hausmeister in ihrem Personalbestand, welche dann für die verwalteten Objekte entgeltlich und befristet zur Verfügung gestellt werden, je nach Vertragsgestaltung.

Vorteile sind die Ortskenntnis der Mitarbeiter, eine bessere Verfügbarkeit für Notfälle, eine kostengünstige Zusammenfassung von unterschiedlichen Arbeiten, bei entsprechender Qualifikation der Mitarbeiter.

Nachteilig ist eine Anfälligkeit beim Ausfall von Mitarbeitern, eine ab und zu kritische Betrachtung der Eigentümer (Anzweiflung der Höhe der Aufwendungen). Da dieser Geschäftsbereich nicht zur Kernkompetenz von professionellen Verwaltungen zählen dürfte, wird hier meist nur eine Kostendeckung erreicht.

Das wird häufig in Kauf genommen oder sogar erwartet, auch in Zeiten in denen das Outsourcing allenthalben propagiert wird. Es geht regelmäßig darum, sich von in dieser Branche oft unzuverlässigen Drittanbietern unabhängig zu machen, effizientere Arbeitsabläufe zu erreichen und bei Erreichung eines bestimmten Standards sich entsprechend zu profilieren.

Kapitel 11

Für alle vom Verwalter betreuten Arbeitnehmer ist die Mitgliedschaft in der Verwaltungs-Berufsgenossenschaft in Hamburg zwingend vorgeschrieben. Nach dem Sozialgesetzbuch hat der Verwalter die Pflicht, eine jährliche Meldung inklusive der jeweilig gezahlten Löhne bei der Berufsgenossenschaft einzureichen.

Spätestens bei einem Unfall des Beschäftigten in Ausübung seines Amtes hätte der Verwalter eine Unterlassung dieser Anmeldung empfindlich zu spüren.

Der Prüfungszeitraum durch Finanzamt, Krankenkasse, Rentenversicherungsträger und die Berufsgenossenschaft umfasst die letzten drei Jahre.

Die Verjährung bei der zu zahlenden Lohnsteuer tritt nach vier Jahren ein. Bei der Sozialversicherung verjähren Ansprüche auf Beiträge in vier Jahren nach Ablauf des Kalenderjahres, in dem sie fällig geworden sind.

Haben die Beteiligten eine Selbstständigkeit des Hausmeisters nur konstruiert (Scheinselbstständigkeit) und haben somit die Versicherungs- und Beitragspflicht vorsätzlich umgangen, so gilt eine Verjährungsfrist von 30 Jahren.

Auch ohne Vorsatz: Bei einem zwar gewerblich gemeldeten Hausmeisterservice als Ein-Mann-Unternehmer kann eine Steuerumgehung festgestellt werden, wenn dieser nur einen Kunden, nämlich die Eigentümergemeinschaft hat. Bei einer Großanlage kann ein Hausmeister dann schnell voll ausgelastet sein und möchte keine weiteren Objekte akquirieren. Die Eigentümer ahnen nichts von der Möglichkeit, dass das Vertragsverhältnis mit dem Hausmeisterservice nicht anerkannt wird und der bereits bezahlte Lohn als Nettovergütung eines normalen Arbeitnehmers gewertet wird, mit allen nachzuzahlenden Lohnnebenkosten.

Bei der Inanspruchnahme des gewerblich tätigen Hausmeisterservice wird im Regelfall vereinbart, dass er seine Tätigkeit gewerblich selbstständig ausübt und von der Eigentümergemeinschaft keine Sozialabgaben/Beiträge jeglicher Art abgeführt werden.

Da der Hausmeisterservice nicht ständig vor Ort ist, muss hier normalerweise deutlich häufiger kontrolliert werden als beim ständig in der Anlage präsenten Hausmeister. Immer wieder wechselndes Personal unterstreicht diese Problematik. Wobei es hier sicherlich auch genügend positive Ausnahmen gibt.

Der Zeitaufwand in Sachen Personalbuchhaltung ist sehr hoch, ebenso liegt eine hohe Komplexität vor. Ein Verstoß gegen arbeitsrechtliche Vorschriften ist schnell passiert. Daher lagern Verwalter solche Arbeiten häufig an einen Steuerberater oder ein Buchhaltungsbüro aus. Der WEG-Verwalter sollte als zu vergütende besondere Leistung beispielsweise folgenden Passus in den Vertrag aufnehmen: „Einrichtung und Führung einer vorschriftsmäßigen Lohnbuchhaltung für Arbeitnehmer der Wohnungseigentümergemeinschaft". Ob die Arbeiten dann selbst oder bei einem Steuerberater durchgeführt werden, spielt keine Rolle: Die Kosten sind jedenfalls auf die Eigentümer umwälzbar.

Literaturempfehlungen
Haufe Personal Office (CD-Rom)
Klaus Olfert, Personalwirtschaft

Kontrollfragen

1. Warum wird der Verwalter eher zu einem gewerblich tätigen Hausmeister tendieren als zu einem festangestellten?
2. Was sind die Aufgaben des Hausmeisters?
3. Warum ist es wichtig, einen motivierten und positive Signale ausstrahlenden Hausmeister zu haben?

12. Einzelaspekte im Objektmanagement

Lernziele

Nach dem Abschluss dieses Kapitels sollten Sie
- erkannt haben, welche Möglichkeiten Sie bei der Aufbewahrung von Verwaltungsunterlagen einer Eigentümergemeinschaft haben,
- wissen, wie moderne Schadensmanagementkonzepte aufgebaut sind,
- die Bedeutung der Wohnungsprivatisierung verstanden haben,
- die Funktionsfähigkeit von Flucht- und Rettungswegen in der Nutzungsphase der Immobilie hinreichend richtig beurteilen können,
- für Überwachungs- und Verkehrssicherungspflichten so sensibilisiert sein, wie es notwendig ist.

12.1 Kinderspielplätze

Betreiber von Spielplätzen sind für deren Sicherheit verantwortlich. Versicherungen achten sehr darauf, dass mögliche Risiken so gering wie möglich gehalten werden. Deshalb sind regelmäßige Inspektionen unverzichtbar. Eine wöchentliche Sichtprüfung ist vorzunehmen, dazu kommen Quartalsinspektionen und die jährliche Hauptinspektion. Dort werden auch Sicherheitsbereiche kontrolliert sowie die Absperrungen zu Verkehrsbereichen. Ein Prüfbericht wird erstellt, der Betreiber muss mögliche Mängel unverzüglich beheben. Ansonsten muss das unsichere Spielgerät so abgesichert werden, dass eine weitere Nutzung nicht möglich ist.

Die beiden Sicherheitsnormen DIN EN1176 („Spielplatzgeräte") und DIN EN1177 („Spielplatzböden") sind zu beachten. Durch diese Normen werden auch die jeweils vorgeschriebenen Kontroll- und Wartungsarbeiten geregelt.

Beim Kauf von Spielplatzgeräten sollte auf das „GS"-Zeichen (Geprüfte Sicherheit) geachtet werden.

Erhöhte Anforderungen werden bei einem Kinderspielplatz an die Verkehrssicherungspflichten gestellt. Der Schutz vor Gefahren ist hier gesteigert. Die fehlende oder nur begrenzte Entscheidungsfähigkeit von Kindern

ist bei der Vorhersehbarkeit von Gefahren besonders zu berücksichtigen (vgl. OLG Celle, WE 1988 S. 57).
Vor allem die Beschaffenheit des Untergrundes muss möglichst gefahrlos sein.
Falls Steinplatten verlegt sind, liegt eine Verletzung der Verkehrssicherungspflicht vor, wenn die Möglichkeit besteht, dass ein Kind aus einer Höhe von über einem Meter abstürzen kann (OLG Köln, Urteil vom 25.5.2000).

12.2 Aufbewahrung von Verwaltungsunterlagen der Eigentümergemeinschaft

Bei der Verwaltungstätigkeit fällt für die jeweiligen Vertragspartner zwangsläufig viel Papier an. Der dafür benötigte Lagerraum verursacht zu einem guten Teil vermeidbare Kosten, fraglich ist auch, ob alle Altunterlagen überhaupt noch benötigt und aufbewahrt werden müssen.

Es ist keinesfalls so, dass der Immobilienverwalter sich hier immer nach handelsrechtlichen Vorschriften (HGB) oder steuerrechtlichen Bestimmungen (insbesondere Abgabenordnung) auszurichten hat. Eine damit verbundene automatische Verwahrfrist von z.B. 6 oder 10 Jahren und die darauffolgende Vernichtung der Unterlagen wäre nicht rechtens. Der Verwalter verwahrt schließlich Fremdunterlagen auf treuhänderischer Basis. Diese Unterlagen gehören der Eigentümergemeinschaft, analog dem sachenrechtlichen Gemeinschaftseigentum.

Seine eigenen kaufmännischen Unterlagen sind mengenmäßig hier von absolut untergeordneter Bedeutung.

Für den Verwalter gibt es keine berufspezifischen Richtlinien, für Eigentümergemeinschaften keine gesetzlichen Aufbewahrungsbestimmungen.

Verwalter haben die Möglichkeit einen angemessen beschränkten Vernichtungsberechtigungsbeschluss auf die Tagesordnung zu setzen. Auszunehmen von einer Vernichtung sind Unterlagen, die die Gemeinschaft auch auf Dauer für eine ordnungsgemäße Verwaltung benötigt. Es sollte die Alternative geboten werden, dass statt der Vernichtung die Unterlagen auch in einem abschließbaren Stahlschrank im Heizraum, Keller oder Hausmeisterraum aufbewahrt werden können.

Eine Aufbewahrungsfrist von unter 6 Jahren sollte nicht unterschritten werden. Das AG München ging beispielsweise in einer rechtskräftigen

Entscheidung vom 15.12.1989, UR II 424/89 von einer Aufbewahrungsfrist von 6 Jahren im Rahmen ordnungsgemäßer Verwaltung aus.

Ein Beschlussantrag könnte lauten:

„Der Verwalter ist berechtigt, bestimmte Unterlagen datenschutzsicher zu vernichten. Dies, wenn die Unterlagen älter als 5 Jahre sind, zur ordnungsgemäßen Verwaltung nicht mehr benötigt werden und keine gesetzlichen Bestimmungen dem entgegen stehen. Hierzu zählen insbesondere Schriftverkehr, Abrechnungsunterlagen, Kontoauszüge, diverse Belege."

12.3 Innovative Schadensmanagementkonzepte

Mit der Einführung von innovativen Schadensmanagementkonzepten sind erhebliche Effizienzsteigerungen möglich. Die Verwaltungsprozesse von Kleinreparaturen bergen ein großes Potenzial an Kostensenkung und Prozessbeschleunigung. Dieser Bereich verursacht regelmäßig den größten Aufwand, obwohl die eigentlichen Schadensbehebungskosten meist sehr niedrig sind. Deshalb sollte die Abwicklung kleinerer Schadensfälle weitgehend automatisiert werden.

Die Prozesskette sieht konventionell so aus: Schadensannahme, Schadensbetrachtung, Schadenserfassung im ERP (Enterprise Resource Planning)-System, Handwerkerauswahl, Handwerkerbeauftragung, Reparaturkontrolle, Rechnungsbearbeitung (also Prüfung, Zahlungsanweisung, Ablage). Diese Struktur verursacht unangemessen hohe Kosten, ist personalintensiv und bringt Doppelarbeiten mit sich. Häufig wird von einer angemessenen, doch zeitintensiven Kontrolle der Handwerkerleistung abgesehen. Ob der Wohnungsnutzer mit der ausgeführten Arbeit letztlich zufriedengestellt wurde, ist ebenfalls nicht immer bekannt.

Durch Einzelmaßnahmen wurde bereits in der Vergangenheit versucht, Abhilfe zu leisten: Mit Einheitspreisvereinbarungen, Schadens-Call-Center oder Mieterdirektbeauftragung etc.

Weitaus deutlichere Produktivitätsfortschritte sind mit den heute verwendeten Systemen zu erzielen, welche meist nach folgendem Prinzip arbeiten: Nach der Schadenserfassung in der ERP-Software sind die Auftrags- und Rechnungsprozesse größtenteils automatisiert. Die Handwerkerkopplungs-Software nimmt den Schadensfall aus der ERP-Software und leitet diesen digital zum festgelegten Handwerker. Vorgänge wie drucken, faxen, abheften fallen weg. Der Handwerker registriert den Auftrag auf seiner Auftragsseite im Internet. Hier fällt kurzfristig die Entscheidung über

Ablehnung oder Annahme. Nach der Ausführung bindet der Handwerker die Rechnung ein.

Die marktgängigen Systeme bieten nach der Studie „Vergleich von (IT)-Lösungen für Kleinreparaturen der laufenden Instandhaltung" der FH Worms (Robert de Zoeten) fast alle entsprechende Controlling-Tools zur Rechnungsprüfung. Demnach haben die etablierten Handwerkerkopplungssysteme ihre Kinderkrankheiten auskuriert, sind zuverlässig und komfortabel für den Anwender. Auf der Handwerkerseite wird neben einem normalen PC und einem Internetanschluss keine besondere Struktur benötigt. Vorteilhaft für den Handwerker ist unter anderem, dass beim digitalen Rechnungsversand Kosten gespart werden und durch den beschleunigten Rechnungsdurchlauf sich die Liquidität verbessert.

Die Handwerker müssen sich verpflichten, die Reparaturen innerhalb eines bestimmten Zeitraumes auszuführen. Stichprobenartige Kontrollen erfolgen neben einer generellen, mehr oder weniger schon automatisierten Prüfung der Plausibilität.

Die größten Unterschiede zwischen den Systemanbietern liegen in Aspekten wie dem räumlichen Wirkungskreis, der Zielgruppe, den angebotenen Standardschnittstellen zu den wohnungswirtschaftlichen ERP-Systemen und der Automatisierungstiefe.

Ein Outsourcing des kompletten Schadensmanagements kann überlegenswert sein: Es erfolgt eine Übertragung an einen Abwicklungsdienstleister mit eigenem Handwerkerstamm. Das Wohnungsunternehmen erhält vom Outsourcingpartner eine Gesamtabrechnung statt wie bisher eine Vielzahl von Einzelrechnungen der Handwerker. Die Dienstleister bieten Schadensmanagement-Center für die erste Stufe der Prozessauslagerung an.

12.4 Funktionsfähigkeit von Flucht- und Rettungswegen

Fluchtwege und Rettungswege zählen zu baulichen Einrichtungen und Anlagen. Diese sollen die Flucht und Rettung von Menschen in Brand- und Katastrophenfällen sichern.

Fluchtwege sind Wege, welche von Personen auf der Flucht in Sicherheitsbereiche (abgeschlossene Treppenhäuser, Außenbereich) ohne fremde Hilfsmittel benutzt werden können.

Rettungswege sind Wege, über welche Personen gerettet werden können. Das sind entweder die oben angeführten Fluchtwege oder Ansatzpunkte für Rettungsgeräte der Feuerwehr wie Fenster oder Balkone.

Kapitel 12

Vom Gesetzgeber werden je nach Nutzungsintensität und Gefährdung unterschiedlich strenge Sicherheitsanforderungen festgelegt. Relevant sind dafür: Musterbauordnungen, Landesbauordnungen und für besondere Bauten auch Garagenbauverordnungen, Hochhausrichtlinien, Gaststättenbauverordnungen, Versammlungsstättenverordnungen, Verkaufsstättenverordnungen, Krankenhausbauverordnungen, Schulbaurichtlinien, Industriebaurichtlinien oder Arbeitsstättenverordnungen.

So fordert die Musterbauordnung beispielsweise: „Jede Nutzungseinheit mit Aufenthaltsräumen muss in jedem Geschoss über mindestens zwei voneinander unabhängige Rettungswege erreichbar sein".

Ein zweiter Rettungsweg ist nicht erforderlich, wenn die Rettung über einen Treppenraum möglich ist, in den Feuer und Rauch nicht eindringen können, also beispielsweise ein Sicherheitstreppenhaus.

Der erste Rettungsweg muss für Nutzungseinheiten, die nicht auf ebener Erde liegen, über mindestens eine Treppe führen. Der zweite Rettungsweg kann eine weitere Treppe sein oder eine mit Rettungsgeräten der Feuerwehr erreichbare Stelle.

Es ist die Aufgabe des Verwalters, die Sicherheit des Objekts zu gewährleisten. Dazu gehört insbesondere, die Fluchtwege und Rettungswege funktionsfähig zu halten bzw. zu überwachen. An die Funktionsfähigkeit von Sicherheitseinrichtungen ist zu denken, ebenso die erforderliche Durchgangsbreite von Fluren oder Treppen und die Durchfahrtsbreiten und Kennzeichnungen von Rettungswegen außerhalb von Gebäuden.

Neben der Überprüfung durch den Verwalter kann die Einhaltung der Sicherheitsanforderungen landesabhängig in unterschiedlichen Intervallen überprüft werden: In den Brandschutzgesetzen bzw. Landesbauordnungen der Länder werden in unterschiedlichen Formen Festlegungen für die Durchführung von Begehungen zur Überprüfung bestehender Gebäude auf Brandsicherheit getroffen. Diese Begehung, in unterschiedlicher Weise als Feuerbeschau, Brandbeschau oder ähnlich bezeichnet, werden von Fachleuten durchgeführt, meist der örtlichen Feuerwehr.

Generell gilt: Es dürfen keine brennbaren Stoffe bzw. Gegenstände aufgestellt oder gelagert werden, welche im Brandfall zur Rauchentwicklung führen und die Fluchtwegfunktion aufheben können.

Die Zugangstüren zu den Verbindungsfluren von Innenbereich und Treppenhaus müssen selbstschließend sein. Die Notbeleuchtung muss auf Funktion geprüft werden, dasselbe gilt für vorhandene beleuchtete Fluchtweghinweise.

Kapitel 12

Fluchtwege müssen von brennbaren Gegenständen freigehalten werden. An allen Zugangstüren, vor allem zu Treppenhäusern, Müllräumen und Garagen, müssen an den Brandschutztüren die Schließfunktionen geprüft werden. Keile zum Offenhalten müssen entfernt werden. Die Bewohner und Hausmeister sind dahingehend notfalls zu belehren.

Auf folgende Punkte ist besonders zu achten:

(1) Türen und Schlösser

Türen in Fluchtwegen dürfen nicht versperrbar sein. Schlösser müssen entweder mit Blindzylindern versehen, unsperrbar gemacht oder falls erforderlich mit so genannten Panikschlössern ausgestattet werden.

Bei Eigentümergemeinschaften wird der Verwalter häufig mit dem Wunsch konfrontiert, die Schleusentüre von der Tiefgarage in das Wohngebäude mit einem abschließbaren Zylinder auszustatten. Wenn hier keine alternativen Flucht- bzw. Rettungswege vorhanden sind, setzt sich der Verwalter hier größten Haftungsproblemen aus. Ein Hinweis bzw. Haftungsausschluss im Protokoll wäre hier das wenigste, was der Verwalter anführen kann.

Das Argument der Eigentümer, dass Dritte sonst problemlos von der Tiefgarage in das Haus eindringen können, sollte von vornherein entkräftet werden: Schließlich ist normalerweise das TG-Tor geschlossen. Falls ein Eindringling im geöffneten Zustand Einlass bekommt, würde ihm das sicherlich auch über die Haustüre möglich sein. Das Ergebnis wäre dasselbe, ohne dass die Eigentümergemeinschaft und/oder der Verwalter sich Haftungsrisiken aussetzen müssen.

(2) Außenanlagen

Spielgeräte, nachträglich aufgestellte Gerätehütten, Anpflanzungen etc. dürfen die Einfahrt nicht behindern. Wobei eine kleine Hecke hier nicht relevant sein dürfte, da im Zweifelsfall die Feuerwehr diese einfach überfahren wird. Durch Beschilderungen ist die Zufahrt von parkenden Autos fernzuhalten.

Zufahrtsmöglichkeiten der Feuerwehr in Innenhöfen und Grünflächen müssen erkennbar sein.

(3) Brand- und Rauchschutztüren

Brandschutztüren müssen eine Bauartzulassung besitzen und über eine bestimmte Zeit die Ausbreitung eines Brandes verhindern (z.B. Bezeichnung T30 = Schutzzeit 30 Minuten).

Rauchschutztüren sind Türen, die durch ihre Bauart die Ausbreitung von Rauch über einen bestimmten Zeitraum verhindern. Brand- und Rauchschutztüren müssen ihre Funktion erfüllen können, das heißt, sie müssen selbstständig schließen und dürfen nicht durch Keile oder Haken fixiert sein. Rauchabzugsöffnungen müssen auf Funktion, besonders der Fernbedienung überprüft werden.

(4) Fluchtwegplan
Bei Gebäuden, in denen sich regelmäßig ortsunkundige Personen wie in Hotels oder viele Personen wie in Versammlungsstätten, Schulen, Bürogebäuden, Verkaufsstätten aufhalten, sind Flucht- und Rettungswegpläne Vorschrift. Diese müssen dauerhaft angebracht werden. Vor allem in der Gastronomie und bei Verkaufsstätten muss auf die Freihaltung der Rettungswege geachtet werden, denn dort sind häufig verstellte Rettungswege anzutreffen.

(5) Notwendige Treppenhäuser
Notwendige Treppenhäuser sind alle Treppenräume, über welche Fluchtwege und Rettungswege führen. In den Landesbauordnungen und Sonderbauverordnungen werden Anforderungen zur Bauart und besonders auch zur Breite gemacht. Notwendige Treppenhäuser müssen im Normalfall einen direkten Ausgang ins Freie erhalten.

(6) Sicherheitstreppenhäuser
Sicherheitstreppenhäuser sind Treppenhäuser, welche durch Verbindungsgänge erschlossen werden, die mit der Außenluft in Verbindung stehen. Hierdurch kann kein Rauch aus Fluren in die Treppenhäuser gelangen. Sicherheitstreppenhäuser werden besonders dann gefordert, wenn durch besondere bauliche Gegebenheiten nur ein Fluchtweg zur Verfügung steht oder durch die Höhe von Gebäuden wie Hochhäusern der Einsatz von Rettungsgeräten der Feuerwehr nicht mehr möglich ist.

12.5 Überwachungs- und Verkehrssicherungspflichten
Hier sollen die in Kapitel 4 bereits allgemein angeführten Pflichten des WEG-Verwalters hinsichtlich der Verkehrssicherungspflicht an mehreren Beispielen verdeutlicht werden.

Der Verwalter hat anstelle der Eigentümer die so genannte Garantenstellung dafür übernommen, dass sich die Wohnanlage im Inneren des

Gebäudes und auch im Außenbereich in einem gefahrlosen und verkehrssicheren Zustand befindet.

Die Verwalterhaftung kann im internen Verhältnis zu der Eigentümergemeinschaft bestehen. Es wird hier von der Innenhaftung gesprochen, außerhalb der Gemeinschaft entsprechend von der Außenhaftung. Letzteres wäre der Fall, wenn ein Passant durch herabfallende Fassadenstücke verletzt wird, weil der Verwalter seine Verkehrssicherungspflicht schuldhaft vernachlässigt hat.

Die Pflichten des WEG-Verwalters zur Verkehrssicherungspflicht gelten regelmäßig auch beim Mietshausverwalter.

(1) Treppen bzw. Treppenhaus

An den verkehrssicheren Zustand von Treppen sind hohe Anforderungen gestellt, da es hier häufig zu Unfällen kommt.

Längere Treppen müssen mit Handlauf oder Geländer versehen sein.

Ein zweites Geländer ist allerdings weder bei Wendeltreppen noch bei besonders breiten Treppen erforderlich, so zumindest beim Wohnhaus. In Gaststätten gelten beispielsweise verschärfte Anforderungen.

Gewarnt werden muss vor Stufen, mit denen man nicht rechnen kann („Vorsicht Stufe"). Fußmatten müssen so beschaffen sein, dass Besucher nicht daran hängen bleiben oder über sie stolpern.

Bei einem glatten Untergrund muss die Fußmatte gegen Wegrutschen gesichert sein (BGH, Urteil vom 19.12.1961).

Kommt jemand auf einer übermäßig glatten Treppe zu Fall, so sagt der BGH mit Urteil vom 14.12.1993, dass die Erfahrung des Lebens dafür spricht, dass die Verletzung der Verkehrssicherungspflicht eine Ursache für den Sturz bildete (Beweis des ersten Anscheins).

Im Treppenhaus ist auch für eine ausreichende Beleuchtung zu sorgen.

Als Erfordernis gilt, dass es einer gesunden erwachsenen Person nach Betätigen des Lichtschalters möglich ist, bei einer durchschnittlichen Geschwindigkeit wenigstens zwei Geschosse im Hellen zu überwinden (OLG Koblenz, Urteil vom 12.10.1995).

(2) Heizöltankanlage

Schadhafte Heizöltanks und deren unsachgemäße Befüllung können erhebliche Schäden verursachen. Eine besondere Verantwortung trifft zwar normalerweise den Tankwagenfahrer, der den Einfüllvorgang zu überwachen hat.

Aber auch der Eigentümer bzw. Verwalter muss die Tankanlage einschließlich der Zuleitungen warten und auf äußerlich sichtbare Mängel überprüfen oder überprüfen lassen (BGH, Urteil vom 18.1.1983). Eine regelmäßige Reinigung und Überprüfung der gesamten Tankanlage im Abstand von fünf bis sieben Jahren ist vorzunehmen. Anderenfalls droht dem Hauseigentümer bei einem Schaden sogar eine strafrechtliche Verurteilung wegen einer Gewässerverunreinigung (OLG Celle, Urteil vom 24.11.1994).

(3) Grundstücksnachbarn

Es können sich auch hinsichtlich den Grundstücksnachbarn besondere Verkehrssicherungspflichten ergeben. Beispielsweise haftet der Eigentümer eines Baumes für Schäden, die durch einen wegen Sturm abgebrochenen Ast auf dem Nachbargrundstück angerichtet werden (OLG Schleswig, Urteil vom 9.11.1994). Allerdings besteht keine Haftung bei einem ungewöhnlich heftigen Sturm (BGH, Urteil vom 23.4.1993).

(4) Räum- und Streupflicht

Hat der Vermieter die Streupflicht auf seine Mieter übertragen, muss er genau kontrollieren, ob sie ihrer Aufgabe auch nachkommen. Er darf sich nicht darauf verlassen, dass sie ihre Arbeit schon erfüllen werden. Kommt es hier zu Nachlässigkeiten, haftet der Vermieter. Dasselbe gilt nach der Rechtsprechung, wenn eine Wohnungseigentümergemeinschaft die Streupflicht dem Hausmeister übertragen hat oder eine „Schneekarte" täglich oder wöchentlich umher geht.

12.6 Wohnungsprivatisierung

Unter einer Wohnungsprivatisierung, Umwandlung oder auch Aufteilung versteht man die Überführung von Mietwohnungen eines Mehrfamilienhauses in eigenständige, einzeln verkaufsfähige Wohnungen durch den Eigentümer. Ziel der Umwandlung ist der Verkauf der Wohnung als Eigentumswohnung, unabhängig davon, ob sie selbstgenutzt wird oder als Kapitalanlage erworben wurde und vermietet wird.

Die Wohnungsprivatisierung hat sich innerhalb weniger Jahre zu einem wichtigen Geschäftsfeld von vielen Wohnungsunternehmen entwickelt. Insbesondere große Wohnungsunternehmen versuchen, ihre regelmäßig

Kapitel 12

eher geringe Rendite durch den Verkauf von Wohnungsbeständen zu steigern. Größere Unternehmen teilen ihre Werkswohnungsbestände in Eigentumswohnanlagen auf. Hier spielt auch die Konzentration auf das Kerngeschäft eine Rolle.

Die Privatisierung aus Beständen kommunaler Wohnungsunternehmen dient hauptsächlich der Sanierung öffentlicher Haushalte.

Die Privatisierung von öffentlichen und betrieblichen Wohnungen wird in Deutschland in den nächsten Jahren weiter zunehmen. Das prognostiziert beispielsweise die HSH Nordbank AG in ihrer Ende 2003 erschienenen Branchenstudie mit dem Titel „Wohnungsprivatisierung in Deutschland".

Grund für den zunehmenden Verkauf von Wohnungen an Mieter und Kapitalanleger ist vor allem die sich zuspitzende Haushalts- und Finanzlage von Bund, Ländern und Gemeinden. Ihnen gehören zusammen knapp 3 Millionen Wohnungen. Das sind ca. 13 Prozent aller Mietwohnungen in Deutschland. Die öffentliche Hand und Industrieunternehmen werden sich zunehmend aus der Wohnungswirtschaft zurückziehen. Insbesondere Kommunen in strukturschwächeren Regionen dürften aufgrund der demographischen Entwicklung bald zur Privatisierung gezwungen sein. Für die spezialisierten Immobilienunternehmen und Finanzinvestoren ist dabei die Einzelprivatisierung der Wohnungen besonders attraktiv. Dieses Geschäft wird in Zukunft wachsen. Auch wenn sich die wirtschaftlichen Erfolge und die Geschäftsmodelle der Unternehmen auf diesem Markt deutlich unterscheiden, kann eine professionell betriebene Wohnungsprivatisierung auch künftig gute Ertragsperspektiven bieten.

Das Privatisierungspotenzial liegt in den Ballungsräumen und Städten, da sich in den zentrumsnahen, urbanen Lagen die typischen Geschosswohnungsstandorte befinden.

Das gesetzliche Vorkaufsrecht des Mieters ist zu beachten:

Nach § 577 BGB ist der Mieter zum Vorkauf berechtigt, wenn an ihn vermietete Wohnräume, an denen nach der Überlassung an den Mieter Wohnungseigentum begründet worden ist oder begründet werden soll, an einen Dritten verkauft werden. Lediglich dann, wenn der Vermieter die Wohnräume an eine zu seinem Hausstand gehörende Person oder an einen Familienangehörigen verkauft, besteht kein Vorkaufsrecht des Mieters. Der Mieter ist auf sein Vorkaufsrecht hinzuweisen und hat Anspruch auf Kenntnisnahme des Kaufvertragsinhalts. Das gesetzliche Vorkaufsrecht kann im Mietvertrag nicht ausgeschlossen werden und geht auf denjenigen über, der nach dem Tod des Mieters das Mietverhältnis fortsetzt.

Das die Privatisierung betreibende Unternehmen kann die Strategie verfolgen, große Objekte selbst (weiter) zu verwalten. Je nach Effizienz der Verwaltungsabteilung und auferlegter Rentabilitätsziele kann beispielsweise eine Größe von 50 Wohneinheiten festgelegt werden, ab der eine Erstverwaltung für die nächsten drei Jahre in die Teilungserklärung festgeschrieben wird. Das ist nach dem Wohnungseigentumsgesetz die maximal festzulegende Erstbestellungsdauer.

Vorteilhaft sind die Aspekte, dass die Teilungserklärung für die Eigentümer, aber auch aus Sicht des Verwalters, optimal gestaltet werden kann. Das Objekt ist den bisherigen Mietverwaltern nicht nur bestens bekannt, sämtliche Daten sind bereits erfasst. Die notwendigen Versicherungs- und Wartungsverträge sind schon abgeschlossen, sie müssen nur noch modifiziert werden. Aus dem seitherigen Mietverwalter wird nahtlos der WEG-Verwalter.

Literaturempfehlungen
Georg Agde et al.: Spielgeräte. Sicherheit auf Europas Spielplätzen
Hans Kemper, Fachwissen Feuerwehr: Vorbeugender Brandschutz
Immobilien Office (CD-Rom)

Kontrollfragen

1. Was verstehen Sie unter Wohnungsprivatisierung?
2. Warum ist davon auszugehen, dass in den nächsten Jahren die Wohnungsprivatisierung noch mehr zunehmen wird?
3. Zählen Sie drei Beispiele auf, in denen es um die Verkehrssicherungspflicht des Immobilienverwalters geht und was er dort jeweils zu beachten hat.

II. Literatur

Agde, Georg et al.: Sicherheit auf Europas Spielplätzen, Berlin, 2001

Bielefeld, Volker: Der Wohnungseigentümer, 7. Auflage, Düsseldorf, 2004

Blank, Hubert, Haug, André, Sauer, Peter: Vermieten & Verwalten, Loseblattsammlung 2001 und folgende Jahre

Börstinghaus, Ulf, Eisenschmid, Norbert: Arbeitskommentar Neues Mietrecht, Recklinghausen, 2001

Deckert, Wolf-Dieter: Die Eigentumswohnung, Loseblattsammlung 1981 und folgende Jahre

Deutsche Vereinigung des Gas- und Wasserfaches e.V.: Trinkwasserverordnung und Trinkwasser-Installation, Bonn, 2003

Dietz, Horst: Kommentar zur Wohngebäudeversicherung, 2. Auflage, 1999

Eichener, Volker, Schauerte, Martin: Sozialarbeit von Wohnungsunternehmen als neue Managementaufgabe (Vortrag auf dem 1. Grazer Wohnbaukongress), 1999

Fritz, Jürgen: Gewerberaummietrecht, 4. Auflage, München, 2005

Geislinger Konvention – Betriebskosten-Benchmarking als zentrales Instrument des Betriebskostenmanagements, Geislingen, 2001

Gondring, Hanspeter (Hrsg.): Immobilienwirtschaft, München, 2004

Haas, Alexander: Gründung und betriebswirtschaftliche Hauptfragen eines Hausverwaltungsunternehmens, unveröffentlichte Diplomarbeit, 1995

Hauff, Michael v.: Das große Verwalter-Handbuch, 4. Auflage, Freiburg, 2007

Haufe Immobilien Office (CD-Rom), Freiburg, 2007

Haufe Personal Office (CD-Rom), Freiburg, 2007

Haufe Vermieter & Verwalter Office (CD-Rom), Freiburg 2007

Haufe Wohnungseigentum Office (CD-Rom), Freiburg 2007

Hellerforth, Michaela: Facility Management: Immobilien optimal verwalten, Freiburg, 2001

Hellerforth, Michaela: Handbuch Facility Management für Immobilienunternehmen, Berlin, Heidelberg, 2006

Literatur

Homann, Klaus: Immobiliencontrolling, Wiesbaden, 1999

HSH Nordbank: Wohnungsprivatisierung in Deutschland, Hamburg, 2003

Hügel, Stefan/ Elzer, Oliver: Das neue WEG-Recht, München, 2007

Jennißen, Georg: Die Verwalterabrechnung nach dem Wohnungseigentumsgesetz, 5. Auflage, München, 2004

Kemper, Hans: Fachwissen Feuerwehr – Vorbeugender Brandschutz, Landsberg, 2003

Keuter, Michael: Wohnungsseigentum verwalten, Loseblattsammlung 2001 und folgende Jahre

Langenberg, Hans: Betriebskostenrecht der Wohn- und Gewerberaummiete, 3. Auflage, München, 2002

Mändle, Eduard, Galonska, Jürgen (Hrsg.): Wohnungs- und Immobilienlexikon, Hamburg, 1997

Mückler, Peter, Müller, Axel: Mit Sicherheit attraktiv – zum Nutzen unserer Kinder, Die Wohnungswirtschaft, 8/2004

Murfeld, Egon (Hrsg.): Spezielle Betriebswirtschaftslehre der Immobilienwirtschaft, 5. Auflage, Hamburg, 2006

Neitzel, Michael: Der Privatisierungsmarkt boomt weiter, Modernisierungs-Magazin, 8/2004

Niederstadt, Karen: Beratung oder Räumung? Immobilien, Wirtschaft und Recht, 6/2004

Olfert, Klaus: Personalwirtschaft, Ludwigshafen, 2003

o.V.: Benchmarking in der Wohnungswirtschaft, Die Wohnungswirtschaft, 9/2004

Peters, Frank: Handbuch zur Wärmekostenabrechnung, 13. Auflage, Leinfelden-Echterdingen, 2007

Recker, Helmut, Slomian, Norbert: Immobilienverwaltung, München, 2000

Rieke, Olaf, Schmidt, Jan-Hendrik: Die erfolgreiche Eigentümerversammlung, 4. Auflage, Hamburg, 2006

Sabisch, Helmut, Tintelnot, Claus: Benchmarking – Weg zu unternehmerischen Spitzenleistungen, Stuttgart, 1997

Schmalohr, Rolf: Versicherungswirtschaft 2 – Sach- und Vermögensversicherung, Haan, 2004

Literatur

Scheibe, Hartmut: Umsatzsteuer bei Teiloption einer Eigentümergemeinschaft (Vortrag beim Verband der Immobilienverwalter Baden-Württemberg), 2004

Schulte, Karl-Werner, Schäfers, Wolfgang (Hrsg.): Corporate Real Estate Management, 2. Auflage, Köln, 2004

Zoeten, Robert de: Vergleich von (IT-)Lösungen für Kleinreparaturen der laufenden Instandhaltung, Worms, 2004

III. Stichwortverzeichnis

A

Abrechnungsspitze	28
Anfechtungsfrist	37, 38
Aufbauorganisation	17
Aufbewahrung von Verwaltungsunterlagen	134

B

Bauliche Veränderung	40
Begründung von Wohnungseigentum	22
Beiratsversicherung	121
Beschlussantrag	35, 39 f.
Beschlussfähigkeit	38
Beschlussfassung	33, 38 f., 41
Beschlusskompetenz	110, 121
Betriebskosten	71 f., 75 f., 93
Betriebskostenabrechnung	72 f.
Betriebskosten-Benchmarking	87 f.
Betriebskostenmanagement	76, 95
Betriebskostenverordnung	30, 71, 74
Brand- und Rauchschutztüren	138
Büro-/Betriebshaftpflichtversicherung	122

C

Centermanager	14, 85
Contracting	103

E

Eichfristen	111
Eigentümerversammlung	31, 33, 38, 40
Energieausweis	103 ff.
Energieeinsparverordnung	104
Erfassungsgeräte	110
Eventualeinberufung	39

F

Facility Management	13, 91 f.
Feuerversicherung	58, 116
Feuerwehrstrategie	99 f.
Flächenmanagement	92 f.
Flächenmonitoring	92 f.
Flächennutzungsdatei	102
Flucht- und Rettungswege	136, 138 f.

G

Gebäudedatei	101
Geschäftsordnung	35, 39
Gewässerschaden-Haftpflichtversicherung	120
Gewerberaummietverhältnis	80
Glasversicherung	119

H

Haus- und Grundbesitzerhaftpflicht	119
Hausmeister	120, 129 ff.
Heizkostenabrechnung	106 ff.
Heizkostenverordnung	27 f., 106 ff.

I

Immobiliencontrolling	87 ff.

Stichwortverzeichnis

Incentives 86
Inspektion 97 f.
Instandhaltung 41, 48 f., 97 ff.
Instandhaltungsmanagement 97, 99
Instandsetzung 41, 48 f., 97 ff.

J

Jahresabgrenzungspositionen 28
Jahresabrechnung 26 ff., 43, 59, 64

K

Kaltwasserkosten 109
Kaution 70, 82
Kinderspielplätze 133
Konkurrenzanalyse 18
Kostenkalkulation 23
Kostenverteilung 41, 64, 107 f.

L

Leerstand 75, 93 ff.
Leerstandsmanagement 93 ff.
Legitimation 59
Leitungswasserversicherung 117 f.

M

Mieterbeirat 77
Mietschuldenberatung 78
Mietvertrag 69 f., 80 f.
Mietverwalter 67, 143
Miteigentumsanteil 22, 63
Modernisierung 98 ff.

N

Niederschrift 35 ff.

O

Objektübernahme 56, 60
Obliegenheitsverletzung 115 f.
Öffnungsklausel 62 f.

P

Personalmanagement 129 ff.
Planung 89 f., 99 ff.
Problemobjekt 61
Protokoll 36

R

Räum- und Streupflicht 141
Raumdatei 101
Rücklagenbildung 43 ff., 95

S

Schadensmanagementkonzepte 135 f.
Schadensregulierung 125 f.
Scheinverwalter 59
Sicherheitsmanagement 112
Soziales Management 78
Stimmrecht 42
Sturm- und Hagelversicherung 118 f.

T

Tagesordnung 33 ff., 39, 134
Teileigentum 22

Stichwortverzeichnis

Textform	32 f.	Vollwartungsverträge	75
Trinkwasserverordnung	105	Vorbeugungsstrategie	100

U

Überwachungs- und Verkehrssicherungspflichten 139 ff.
Umsatzsteuerausweis 64

V

Verbrauchsschätzung 108 f.
Verbundene Wohngebäudeversicherung 116
Vermögensschadenhaftpflichtversicherung 121 f.
Versicherungsmanagement 115 ff.
Versicherungsvermittler 125 ff.
Vertrauensschadenversicherung 123 f.
Verwaltervergütung 53 ff., 60 f.
Verwaltervertrag 52 ff., 57 ff.

W

Wärmecontracting 102
Wartung 98 ff.
WEG-Verwalter 47 ff., 139 f.
Wirtschaftlichkeitsgrundsatz 75
Wirtschaftsplan 22 ff., 41
Wohnungseigentum 21 ff., 37, 62 ff.
Wohnungsprivatisierung 141 ff.

Z

Zusatzvergütungen 53
Zustandsstrategie 99 f.
Zweitversammlung 39
Zwischenvermietung 81 ff.

IV. Abkürzungsverzeichnis

Abs.	Absatz
AG	Amtsgericht
AHB	Allgemeine Versicherungsbedingungen für die Haftpflichtversicherung
AVB	Allgemeine Vertragsbedingungen
BayObLG	Bayerisches Oberstes Landgericht
BetrKV	Betriebskostenverordnung
BGB	Bürgerliches Gesetzbuch
BGH	Bundesgerichtshof
BV	Berechnungsverordnung
dena	Deutsche Energie-Agentur
GO	Gemeinschaftsordnung
GVG	Gerichtsverfassungsgesetz
HGB	Handelsgesetzbuch
KG (Berlin)	Kammergericht Berlin
LG	Landgericht
MEA	Miteigentumsanteil
NJW	Neue Juristische Wochenschrift
OLG	Oberlandesgericht
TE	Teilungserklärung
TrinkwV	Trinkwasserverordnung
VermSchHV	Vermögensschaden-Haftpflichtversicherung
VGB	Allgemeine Bedingungen für die Neuwertversicherung von Wohngebäuden gegen Feuer-, Leitungswasser- und Sturmschäden
VVG	Versicherungsvertragsgesetz
WE	Wohnungseigentum
WEG	Wohnungseigentumsgesetz/Wohnungseigentümergemeinschaft
WHG	Wasserhaushaltsgesetz
WM	Wohnungswirtschaft und Mietrecht (Zeitschrift)
ZMR	Zeitschrift für Miet- und Raumrecht

Die Herausgeber

Professor Dr. rer. pol. Eduard Mändle
war langjähriger Hochschulrektor der Fachhochschule Nürtingen, der heutigen Hochschule für Wirtschaft und Umwelt Nürtingen-Geislingen (HfWU) und hat die Studiengänge Betriebswirtschaft und Immobilienwirtschaft begründet. Er ist Aufsichtsratsvorsitzender einer Wohnungsgenossenschaft und eines Energieversorgungsunternehmens. Er ist Autor einer Vielzahl von Fachbüchern über volks- und immobilienwirtschaftliche sowie genossenschaftliche Themen und Herausgeber mehrerer Handwörterbücher bzw. Fachlexika, etwa des Handwörterbuchs des Genossenschaftswesens (1982), des Genossenschafts-Lexikons (1992) und des Wohnungs- und Immobilien-Lexikons (1997). Er ist Studienleiter der AWI Akademie der Wohnungs- und Immobilienwirtschaft Baden-Württemberg GmbH, Stuttgart.

Professor Dr. oec. Markus Mändle
ist Hochschullehrer für Volkswirtschaftslehre, insbesondere Kooperationswesen im Studiengang Immobilienwirtschaft – Department of Real Estate an der Hochschule für Wirtschaft und Umwelt Nürtingen-Geislingen (HfWU). Er ist Studiendekan des Studiengangs Immobilienwirtschaft und Leiter des Instituts für Kooperationswesen an der HfWU Hochschule für Wirtschaft und Umwelt Nürtingen-Geislingen sowie Mitglied des Instituts für Genossenschaftswesen an der Humboldt-Universität zu Berlin. Er ist langjähriger Dozent bei verschiedenen Ausbildungseinrichtungen der Wohnungs- und Immobilienwirtschaft und Autor von Veröffentlichungen zu volkswirtschaftlichen, immobilienwirtschaftlichen und genossenschaftlichen Themen.